Stefano Bonato – Gabriel R. Muñoz S.

Psicología de los juegos de rol online (MMORPG). Una lectura sistémica.

Índice

Prefacio

De Eugenio Bedini

Vivimos en un mundo en constante evolución, que cambia continuamente, donde las inevitables transformaciones que se presentan en nuestro contexto sociocultural son a veces tan drásticas y repentinas que nos resulta difícil tener el paso, pudiendo captar sus matices solo cuando han entrado en nuestras vidas en una forma permanente e incisiva. Esta evolución, como siempre sucede a un elemento al interior de un contexto, afecta profundamente nuestra realidad individual, exigiéndonos la comprensión de las oportunidades y los riesgos de tales trasformaciones.

En los últimos años, una enorme revolución ha visto como protagonista el mundo de la Red, que resulta cada vez más presente en la vida cotidiana y lo será probablemente cada vez más en el futuro (Bedini, 2017; Riva, 2010; Tosoni, 2004). La WEB ha cambiado muchos aspectos de nuestra vida cotidiana, abriéndonos a un universo de nuevas oportunidades (y riesgos) y con muchos aspectos aún por explorar. La forma en que nos relacionamos con otras personas ha experimentado un importante cambio de dirección: las relaciones tradicionales, que podemos definir *offline*, ahora tenemos que diferenciarlas de aquellas *online*, ya que buena parte de la comunicación entre las personas, al menos en nuestro contexto occidental, se experimenta en el mundo de la Red, a través de chats, redes sociales, foros, ecc. La creación de la WEB 3.0, o web semántica, ha permitido la creación e intercambio de contenidos en manera autónoma, fácilmente accesible, sin tener que recurrir a códigos y operaciones complejas (Bedini, 2017); esto ha facilitado el intercambio de materiales e informaciones a través de la Red al mismo tiempo que ha hecho más complejas las formas de comunicación entre los usuarios.

Como he podido afirmar en otras publicaciones (Bedini, 2012, 2017; Bedini, Curto e Skarzynska-Sernaglia, 2013), la difusión masiva de los smartphones, que potencialmente pueden estar siempre conectados con la web y de consecuencia con las redes sociales y los chats, ha cambiado la forma en que nos presentamos al mundo y la forma con la cual comunicamos con los demás. El perfil que creamos en la red se convierte en una vitrina, en una forma de presentación, de una manera sin precedentes, que difícilmente está disponible en la vida real: en Internet el tiempo y el espacio cambian significado, haciéndonos capaces de elegir qué cosa mostrar y qué cosa no, qué elementos de nosotros mostramos en la vitrina y cuales inventamos. En este sentido, según Tosoni (2004), la identidad en la Red se transforma en una hoja en blanco: el anonimato y la invisibilidad proporcionada por la web nos permiten separarnos de nuestro cuerpo y de nuestra historia, permitiéndonos elegir la forma en que nos presentamos en base a los objetivos con los cuales accedemos a la Web. Como dice la socióloga estadounidense Sherry Turkle (1996), es así como se hace posible ser *"lo que eres y lo que quieres ser"* (p. 226). El anonimato ofrece un espacio a zonas inexploradas de la subjetividad y, si se desea cambiar, se puede desaparecer para luego empezar de nuevo, tal vez con otro nombre o *nickname* (Turkle, 1996). Además, los autores (Tosoni, 2004; Turkle, 1996) enfatizan el concepto de desidentificación: el filtro proporcionado por la Red permite sentir en menor medida el peso de las normas sociales y el juicio de los otros. De esta manera, el usuario se siente más libre de expresarse de acuerdo con sus propios deseos e intereses, que en este contexto no se ven influenciados por el filtro de la relación cara a cara, que limita en gran medida la espontaneidad (Bedini, 2012; 2017).

Los efectos de este fenómeno son múltiples: en primer lugar, es difícil poder decir que se conoce a una persona simplemente basándose en cómo se ve dentro de una página web; en segundo lugar, es difícil haber la certeza de hablar con una persona que es realmente existente o que corresponde a la descripción que hace de sí mismo. Todos estos elementos nos llevan a reflexionar sobre la complejidad de estas evoluciones que poseen un increíble potencial, pero al mismo tiempo no están libres de riesgos y lados oscuros.

De hecho, si por un lado la evolución de estos instrumentos nos ha facilitado, permitiéndonos en pocos minutos de llevar a cabo actividades que hace sólo unos años requerían mucho tiempo y dinero, de otra parte, nos ha expuesto a una serie de riesgos que deben empujarnos a reflexiones importantes. Ser capaz de representarnos a nosotros mismos como deseamos nos permite manifestar aspectos que, al contrario, serían ocultos. Por ejemplo, en la adolescencia puede constituirse en un buen entrenamiento para construir la propia identidad (Salvano, Germano e Ferzetti, 2017), sin embargo, al mismo tiempo nos expone a una especie de despersonalización; crear una identidad ficticia nos permite evitar la realidad, generando malentendidos y decepciones (esta es una de las razones por las que las personas que se conocen difícilmente lo hacen en la vida real). Además, el fenómeno de desubjetivación puede poner en marcha comportamientos que de lo contrario las personas no actuarían, como el *flaming* (provocar e insultar a otros usuarios), o el *bullying* (ciberacoso) que a menudo tienen efectos aún más devastadores que los comportamientos *offline*.

Podemos afirmar, por lo tanto, que el mundo online está lleno de oportunidades y riesgos, así como también de elementos de reflexión, sobretodo para aquellos que se ocupan profesionalmente de la persona y de las relaciones humanas; este libro no trata estas cuestiones en un sentido general sino mas bien se concentra en un aspecto específico: los juegos de rol online masivos. El autor realiza una descripción de cómo funcionan y las posibilidades que ofrecen, sea a nivel de presentación de sí mismos (a través de la construcción del Avatar), que a nivel de interacción con otros usuarios; la definición se aproxima a la de sistema abierto, retomando los conceptos de Von Bertalanffy y Paul Watzlawick, que establecen los fundamentos teóricos de la psicoterapia sistémica-relacional. Los MMORPG (acrónimo de Massively Multiplayer Online Role-Playing Games) de hecho, permiten un intercambio continuo de información y material con el entorno circundante, están en constante evolución y tienen algunas características fundamentales de un sistema: totalidad, retroalimentación y equifinalidad. Se analizan estos tipos particulares de MMO (Massively Multiplayer Online) a la luz de la teoría sistémica, evidenciando las características y, por ende, los riesgos. Como Sherry Turkle reportó en los años '90, algunos juegos que se pueden encontrar en la Red llegan a ser tan fascinantes que los usuarios les dedican mucho tiempo, descuidando otros aspectos importantes de su vida, como el sueño y el estudio (Turkle, 1996). Este texto nos muestra cómo esto puede suceder y cómo se puede distinguir un uso excesivo de una verdadera adicción. Este último aspecto es muy importante; porque no podemos dejar de considerar que en muchos casos no es fácil reconocer una línea divisoria clara entre el comportamiento funcional y disfuncional, aún más cuando se trata de las denominadas "adicciones sin sustancias". En este sentido, este libro es un sugestivo intento de interpretar estos fenómenos a la luz de la teoría sistémica.

Es un texto que puede ser utilizado sea por profesionales bien entrenados en los conceptos derivados de la idea de Watzlawick, Bateson y Von Bertalanffy, como por los menos expertos en el campo, que pueden encontrar ideas interesantes para profundizar este universo teórico. Además, la primera parte del libro ilustra las características de los MMORPG de una manera detallada y comprensible, incluso para aquellos que nunca los han experimentado.

En fin, es importante subrayar que la Red no es buena o mala, no debe ser mistificada o condenada a priori, sobretodo porque hoy en día es un aspecto casi esencial en nuestras vidas. Sin embargo, debe ser considerada y analizada, teniendo presente que es la modalidad de uso de las herramientas disponibles lo que hace la diferencia entre lo que es el bienestar de las personas y lo que no lo es.

Eugenio Bedini, *psicólogo y terapeuta familiar de orientación sistémica. Graduado en la Universidad de Padua en psicología clínica - dinámica y especializado en Psicoterapia en el Centro Eidos de Terapia Familiar de Treviso.*

Actualmente trabaja como freelance. Colabora con importantes instituciones de educación secundaria en el noreste de Italia. Es autor de investigaciones y artículos, en particular sobre el tema de la sexualidad y las nuevas tecnologías. En 2017 publicó su primer libro titulado "Red y conexiones. Teoría y clínica de Internet según el enfoque sistémico-relacional ".

Introducción

"Los videojuegos son herramientas que nos permiten entrar en contacto con otros universos. Gracias a la tecnología se puede experimentar algo que va mucho más allá del mundo real. Puedes probar las mismas emociones que te provoca un libro, la música o una película. A través de los videojuegos se puede entrar en contacto con universos paralelos de una manera mucho más atractiva y personal. Los videojuegos tienen esta fuerza."

Kazunori Yamauchi,
Autor japonés de videojuegos.

Podemos imaginar nuestra conexión a Internet y su complejidad, como el acceso a una aldea global poblada por miles de millones de otros usuarios que, como nosotros, se mueven en el tejido de la Red, así como la gente camina por las calles de una ciudad (Tonioni, 2013). El término "aldea global", introducido por el sociólogo McLuhan (1964), hace referencia a un mundo pequeño, fácilmente transitable, como un pueblo, pero al mismo tiempo sin fronteras definidas. La Web, inicialmente utilizada con el fin de reunir, difundir y compartir información entre usuarios, se ha convertido rápidamente en un lugar virtual donde la gente también puede encontrarse, comunicar y jugar.

Además de transformar radicalmente la comunicación interpersonal, la búsqueda de información, la utilización del contenido cultural y muchos de nuestros hábitos, la Red ha revolucionado abruptamente la industria del entretenimiento audiovisual, que en los últimos veinte años ha sido una fuerza impulsora de la economía global. La industria de los videojuegos, de hecho, en el nuevo milenio siempre ha estado en continuo crecimiento, sin ser afectado por la crisis de la economía y destinada, según algunas proyecciones, a crecer aún más en los próximos años.

Hacia el final de los años '90 la Red ha visto el nacimiento y la rápida difusión de un género de videojuego revolucionario, los *Massively Multiplayer Online Role-Playing Game* o Videojuegos de Rol Multijugador masivos En Línea (de aquí en adelante MMORPG), que integra los avances gráficos que se han producido en los últimos años con la oportunidad que ofrece Internet de superar los limites, modificando de este modo los conceptos de espacio-tiempo, territorio, comunicación e interacción social. Los MMORPG han revolucionado la forma de jugar de muchos usuarios. Muchos de ellos, de hecho, han comenzado a invertir en el juego una creciente cantidad de tiempo, descuidando a veces otras actividades importantes y responsabilidades de la vida cotidiana.

El fenómeno comenzó a despertar la curiosidad de la investigación psicológica a partir de los primeros años del nuevo milenio, considerando en primer lugar el posible impacto negativo de los juegos de rol en línea cuando se utilizan intensivamente y en modo prolongado. Las diversas historias de implicación extrema de algunos jugadores conocidas a través de la crónica, junto con los resultados de las primeras investigaciones, han llevado a la comunidad científica a suponer que los juegos en línea, nacidos como una forma de entretenimiento, podrían conducir a los usuarios a desarrollar una verdadera adicción.

El creciente interés de los estudiosos durante la última década ha fundado una importante línea internacional de investigación sobre la adicción a los videojuegos que ha llevado al reciente reconocimiento oficial por parte de la Organización Mundial de la Salud (ICD-11, 2011) y a la inclusión en el DSM-V (2013) como posible disturbo que debe ser estudiado con mayor profundidad.

Este libro ha sido escrito con el objetivo de profundizar el impacto negativo que los videojuegos de rol en línea pueden provocar a algunos usuarios y sus familias, que cada vez más a menudo recurren a los profesionales de la salud mental para solicitar un tratamiento (Martín-Fernández, 2017). Es de suma importancia, en la atención de personas que han desarrollado un uso problemático de los juegos de rol en línea, reconocer las características principales que hacen que estos entornos virtuales sean tan atractivos, emocionantes y a menudo difíciles de abandonar. Los MMORPG, de hecho, no son sólo un medio de entretenimiento que involucra una relación entre el individuo y el computador o la consola, sino que además constituyen *un sistema*. Este sistema se presenta como un entorno virtual permanente y en constante evolución, compartido simultáneamente por millones de usuarios que lo habitan y en el cual crean, personalizan y controlan personajes virtuales, también llamados avatares (Hamilton, 2009).

La enorme cantidad de ambientes disponibles, la posibilidad de crear un individuo virtual con características comparables a las de una persona y la oportunidad de interactuar con un sinnúmero de otros usuarios para competir o para colaborar en el logro de objetivos comunes, hace que el juego sea una experiencia, en algunos aspectos, similar a la vida real. Dentro de estos mundos, por lo tanto, se nace, se desarrolla, se comunica, se conoce a otros usuarios con los cuales, con el tiempo, se puede establecer una relación dentro del juego y a menudo, incluso, fuera del juego. Para algunos usuarios, la participación a estos juegos se convierte gradualmente en una vida paralela. La cantidad de tiempo y la implicación emocional hace que los juegos de rol en línea sean un género propio, al cual participan usuarios que encuentran satisfacción a necesidades diferentes de aquellos que prefieren otros tipos de videojuegos.

Capítulo 1

¿Qué cosa son los juegos de rol multijugador masivos online (MMORPG)?

En los párrafos siguientes profundizaremos las fases principales de la rápida evolución de los videojuegos durante los últimos veinte años, a partir de los juegos en la modalidad de un solo jugador (*single-player*) y multijugador (*multi-player*) sin conexión a internet (*off-line*), pasando por la modalidad multijugador con conexión a internet (*online*) hasta llegar a los Videojuegos Masivos

Multijugador Online (MMO). Revisaremos las principales características de los videojuegos en general, así como su clasificación según los diferentes niveles de complejidad. Nos detendremos, al final del capítulo, a describir detalladamente los Videojuegos de rol multijugador masivos en línea.

Single-player y multi-player off-line

Precedentemente al adviento de Internet era posible jugar con videojuegos sólo de dos maneras: un solo jugador o modalidad multijugador. En el modo *single-player* un solo usuario juega desafiando la inteligencia artificial diseñada por los desarrolladores del videojuego. En la sesión *multi-player* dos o más jugadores se enfrentan entre sí o se asocian para competir contra el computador o la consola. Para jugar de esta manera los jugadores deben reunirse en el mismo lugar y jugar con el mismo dispositivo.

Multi-player online

La difusión de Internet, a partir de los años '90, permitió a la industria del entretenimiento digital invertir en la creación de nuevos tipos de videojuegos. Por primera vez fue posible a dos o más jugadores participar en la misma sesión, a distancia, gracias a una conexión a Internet. Los desarrolladores ofrecieron al jugador la oportunidad de elegir con quién jugar entre los usuarios conectados y compartir simultáneamente el mismo entorno de juego. Fue así como algunos videojuegos tradicionales que incluían la modalidad *single-player* o *multi-player off-line* comenzaron a incluir la posibilidad de conectarse a la Red y jugar *online*. Nacieron así también los primeros videojuegos para jugar exclusivamente en Red. Entre los diversos tipos de videojuegos multijugador online también se incluyen los famosos MOBA (acrónimo de Videojuego multijugador de arena de batalla), juegos de estrategia en tiempo real que involucran a múltiples usuarios en línea en una batalla de equipo en un entorno virtual cerrado y circunscrito. El jugador generalmente controla a un personaje con una vista aérea típica del género estratégico. Los MOBA son actualmente uno de los géneros más populares.

Características generales de los (Video)Juegos

Todo videojuego es, en fondo, un simple juego. Desde esta premisa, Juul (2005) distingue seis características, tratando de entender las propiedades de los juegos y cómo el jugador interacciona con ellas:

1. *Reglas:* cada juego constituye un sistema (o una serie de subsistemas) fundado en una serie de reglas básicas;
2. *Resultados:* estos sistemas producen resultados variables y cuantificables;
3. *Valores:* los diversos resultados posibles tienen asignados valores que pueden ser positivos o negativos;
4. *Esfuerzo del jugador*: cada juego propone un reto al jugador, que su vez despliega un esfuerzo para influenciar el resultado;
5. *Interés del jugador por el resultado:* cada jugador esta emocionalmente implicado con el resultado positivo o negativo del juego. Se sentirá feliz cuando vencerá, se sentirá triste cuando perderá;
6. *Consecuencias negociables:* el juego y su sistema de reglas pueden producir consecuencias en la vida "real" de los jugadores (prestigio, amistad, etc.).

Para Juul (2005), un juego es un sistema basado en reglas con resultados y consecuencias diferentes y cuantificables. A cada resultado se asigna un valor distinto y el jugador se esfuerza para influenciar el resultado por el cual se siente atraído emocionalmente, así como por las consecuencias que estos juegos pueden tener en su vida real.

El juego es, por lo tanto, un objeto y una actividad. Por una parte, objeto que garantiza determinados resultados cuantificables a partir de un conjunto de reglas que personas o computadores implementan en modo preciso y determinan los esfuerzos de los jugadores; y por otra, actividad, ya que es un sistema que cambia, se desarrolla y los resultados son indeterminados según la interacción del jugador.

Estas características generales, que no son determinadas por el medio a través del cual se desarrolla el juego, permiten analizar los videojuegos considerando la complejidad que le atribuye la informática en términos de cálculos de resultados e interacciones posibles.

Videojuegos según niveles de complejidad

Calleja (2007) sostiene que los videojuegos, gracias a la tecnología computacional a la base del calculo de las reglas y el control de los diferentes estados de juego, poseen un ingente número de interacciones y acciones que, a su vez, posibilitan un enorme número de resultados. Esta complejidad permite diferenciar los videojuegos en juegos de progresión y juegos emergentes (Juul, 2005), y clasificarlos a su vez del siguiente modo:

1. *Juegos progresivos puros:* el desarrollo depende de un algorítmico. Es necesario realizar un conjunto de acciones invariables que conducen a un

resultado específico (cartas, puzles, aventuras, etc.);

2. *Juegos emergentes puros:* el juego es heurístico. Pueden ser realizadas una infinidad de estrategias y acciones que conducen a resultados semejantes o heterogéneos (videojuegos de lucha, deportes, etc.);

3. *Juegos de progresión con componentes emergentes:* juegos en los que se propone una estructura que no puede ser modificada. El jugador debe seguir en el modo en que ha sido diseñada, pero le permite un amplio margen de estrategia e interacción para realizar esta progresión (videojuegos de acción en primera persona, de plataformas, etc.);

4. *Juegos emergentes con componentes de progresión:* la estructura global de acciones e interacciones es abierta. Contiene un número determinado de elementos que el jugador puede modificar, en un orden determinado y con objetivos definidos que los jugadores pueden o no respetar (videojuegos tipo sandbox, videojuegos de rol multijugador masivos en línea, etc.).

En síntesis, los videojuegos son artefactos complejos que parten de una estructura simple (como todos los juegos). En función de la forma que adquieren durante su diseño los elementos de esta estructura (las reglas, los resultados, etc.), y del medio a través del cual se presentan, los juegos pueden variar en su forma (progresivos, emergentes, etc.) y género (juegos de acción en primera persona, juegos de rol, juegos de aventura, etc.). Estas características determinaran, en gran medida, cual será la experiencia cognitiva y emocional de cada jugador (Juul, 2005).

Videojuegos Masivos Multijugador Online (MMO)

A inicios de los años 2000, además de la difusión de Internet, que consiguió llegar siempre a más y más personas, aumentó gradualmente la velocidad de conexión. Esto permitió a los desarrolladores la producción de videojuegos en modalidad online pudiendo soportar cientos de miles de jugadores al mismo tiempo. Este revolucionario género viene llamado Videojuegos Masivos Multijugador En Línea (MMO). Los MMO albergan a un gran número de jugadores en un único mundo virtual en el que todos los jugadores pueden interactuar. Un aspecto que diferencia los MMO de la simple modalidad multijugador online, es que el mundo virtual es compartido por todos los jugadores conectados. Además, este mundo sigue existiendo y se desarrolla incluso cuando el jugador no está conectado.

Dimensión de los MMO

Los MMO, hoy en día, no solo representan una parte importante del entretenimiento cotidiano de niños, adolescentes y adultos, sino que poseen implicaciones económicas muy significativas a nivel mundial.

Algunos datos del Global Games Market Report (Newzoo, 2019) nos pueden ayudar a construir una imagen de la enorme dimensión de este fenómeno: el mercado mundial de los videojuegos vale alrededor de 150 mil millones de dólares, con más de 2,5 mil millones de jugadores activos. Esto representa un aumento de alrededor del 10% respecto al año anterior y un aumento de casi un 300% respecto al 2005. El informe señala, además, que el mercado mundial de los videojuegos va a proseguir su aumento, llegando a alcanzar en el 2022 la increíble cifra total de 196 mil millones dólares.

Actualmente la población de habla hispana constituye una parte importante de este mercado con porcentajes de aumento anual muy significativas. Se estima que en España los usuarios son alrededor de 25 millones e invierten 2 mil millones de dólares en videojuegos, convirtiéndose de este modo en el noveno mercado de juegos más grande del mundo. Mientras tanto, en América Latina, los usuarios son alrededor de 250 millones, representando el 4% del mercado de videojuegos, con un crecimiento anual del 11,1% e invirtiendo 5.6 mil millones de dólares.

En esta realidad de cifras increíbles, en constante aumento, se estima que los usuarios de MMO son 500 millones, representando alrededor del 20% del total de jugadores de videojuegos. Cabe destacar que sólo los primeros cinco videojuegos MMO más jugados poseen alrededor de 20 millones de usuarios activos (Newzoo, 2019).

MMO y modelos de negocios

Las modalidades de monetización de los resultados actualmente responden principalmente a tres modelos de negocios:

• *Free-to-play* (*F2P*) o videojuegos gratuitos: son juegos en los cuales, después de la descarga del software, no hay cuotas de suscripción o pagos adicionales para acceder a los contenidos del juego. Generalmente las empresas obtienen ingresos mediante anuncios publicitarios;

- *Pay-to-play* (*Pay-2-play*): son juegos pagados, generalmente a través de una suscripción mensual;

- *Freemium:* la mayor parte del contenido del juego está disponible de forma gratuita, pero los jugadores pueden pagar para acceder a contenido adicional, expansiones o instrumentos para su personaje.

.

Clasificación de los MMO

Por otra parte, los MMO pueden ser clasificados en tres macro-categorías:

- **MMOFPS** (acrónimo di Videojuegos de Disparos Masivos Multijugador Online en Primera Persona): son un género de MMO más comúnmente conocido como "*shooter*" (tirador) en el que el jugador está equipado con un arsenal de armas y se mueve en un escenario virtual ya predispuesto. En la mayoría de los FPS se puede entrar en diferentes escenarios disponibles en el juego. El usuario se encuentra junto con un gran número de usuarios conectados a la Red, controlando un personaje ficticio a través de una visual en primera persona. En otras palabras, el jugador no ve su personaje en la pantalla, sino que mira el mundo a través de los ojos del avatar que controla y ve, en general, sólo el arma con la que está equipado. El propósito de este juego es combatir, solo o en equipos, con otros usuarios que habitan en el mundo virtual. Por lo tanto, es una experiencia de juego en línea bastante frenética y a menudo violenta que se lleva a cabo dentro de vastas áreas virtuales y que presenta un gran número de jugadores luchando simultáneamente.

• **MMORTS** (acrónimo di Videojuegos Masivos Online de Estrategia en Tiempo Real): son videojuegos donde, como en los otros MMOS, un gran número de jugadores interactúa entre sí al interno de un vasto mundo virtual. Diferentemente de los videojuegos de disparos, es un juego de estrategia con una "vista superior", donde el jugador, Por lo general, asume el papel de un General que toma el mando de un ejército y combate contra otros ejércitos gestionados por otros jugadores en la Red. A través de una buena gestión de su ejercito, el jugador mejora su nivel dentro y gana la estima de los otros jugadores.

• **MMORPG** (acrónimo di Videojuegos de Rol Multijugador Masivos Online) son un tipo muy difundido de MMO con elementos muy característicos de los juegos de rol, como la personalización del avatar, el sistema de desarrollo de las habilidades del personaje, la actualización permanente del equipamiento y muchos otros aspectos que se profundizarán más adelante. Los jugadores, colocados en un mundo virtual interminable y junto con todos los demás usuarios, crean y personalizan su propio avatar, el cual es libre de moverse por el espacio de juego e interactuar con otros usuarios.

Características generales de los MMORPG

El acrónimo MMORPG fue acuñado por Richard Garriott (Jon, 2010), desarrollador del videojuego *Ultima Online* (1997). Este tipo específico de Videojuego Masivo En Línea ofrece al usuario la posibilidad de definir sus propios objetivos y roles dentro del mundo virtual, con una amplia gama de ajustes de personalización de su personaje a disposición.

El avatar de cada jugador, con el tiempo, puede aumentar enormemente el equipamiento y sus habilidades de juego. Estas habilidades, como veremos más adelante, se desarrollan con la experiencia, interactuando con otros avatares o comprándolas en tiendas *online* administradas por los desarrolladores del juego.

Por lo tanto, es posible, dentro de estos juegos, competir con otros o colaborar para lograr objetivos comunes. El entorno, habitado por una multitud de jugadores que interactúan simultáneamente, es un mundo virtual en constante evolución. El jugador, con su avatar, entra a formar parte de un *sistema* que se modifica y evoluciona incluso mientras no está conectado ya que los otros jugadores en línea pueden hacerlo, a través de sus propios avatares, interactuando entre sí, transformándose, transformando los otros avatares y el entorno virtual que les rodea. Los MMORPG son un juego que no tiene un inicio o final determinado.

La posibilidad de personalización del avatar permite que el jugador pueda manipular su identidad virtual. Cada jugador puede elegir e interpretar su propio rol dentro del juego y definir los objetivos che pretende alcanzar. Asume, de este modo, el papel de un personaje ficticio a través del cual interactúa con el mundo virtual del cual forma parte. Las múltiples características de los avatares ayudan a crear un entorno siempre diferente con una variedad de ambientes fantásticos habitados por miles de jugadores en constante interacción (Griffiths, Daviese, Chappell, 2003).

Capítulo 2

Propiedades de los MMORPG a la luz del enfoque sistémico

"Estos juegos son de una naturaleza abierta y no lineal: los jugadores pueden elegir sus propios itinerarios, la trama, sin un punto final específico; estos juegos son eternos, y dentro de ellos siempre hay nuevas atracciones y tareas que se pueden desarrollar. "

(Fuster et al., 2013)

Anteriormente hemos comparado el entorno virtual de los MMORPG y los avatares que lo habitan a un "sistema". En este libro entenderemos el término "sistema" como una entidad compleja, dotada de principios y leyes con partes interrelacionadas e interdependientes entre sí, que a su vez otorgan a la totalidad una serie de propiedades y características. Este concepto se extendió por todo el mundo a finales de los años 30 a través de las publicaciones del biólogo austriaco Ludwig von Bertalanffy, Padre de la *Teoría General de Sistemas* inicialmente presentada en el texto *General Systems* (1956) y sucesivamente en el manual *General System Theory: Foundations, Development, Applications* (1968). El concepto de sistema, que en esos años se convirtió en un concepto clave para la formulación de una nueva concepción científica del mundo, se adapta perfectamente al análisis de los MMORPG. En el siguiente capítulo vamos a comparar las propiedades de los sistemas abiertos identificados por von Bertalanffy con las características de los Videojuegos de Rol Multijugador Masivos Online.

En este capítulo se considerarán las características de los videojuegos de rol multijugador en línea según el enfoque sistémico, comparando los MMORPG a sistemas abiertos (Hall y Fagen, 1956). Identificaremos sus principales propiedades a la luz de cuanto descrito sea por parte de von Bertalanffy en la *Teoría General de los Sistemas* (1956) che sucesivamente, por Paul Watzlawick, Janet H. Beavin y Don D. Jackson en la *Pragmática de la comunicación humana* (1967),

Bertalanffy en el 1956 formuló una serie de principios que son válidos para los sistemas en general, independientemente de la naturaleza de sus componentes y de las fuerzas que los regulan. A partir de estos principios Hall y Fagen (1956) identificaron dos tipos de sistemas: sistemas cerrados y sistemas abiertos.

Según los autores *"Los sistemas orgánicos son abiertos, es decir, intercambian materiales, energías o información con su entorno. Un sistema es cerrado si no recibe o emite energía en cualquiera de sus formas, tales como información, calor, sustancias físicas, etc., y, consecuentemente, no se produce ningún cambio de sus componentes."* (Hall y Fagen, 1956, p.23). El concepto será más tarde también utilizado por Watzlawick, Beavin e Don Jackson (1967, p. 116).

¿Es posible entonces, a partir de estos conceptos, concebir los MMORPG como un sistema?

En los MMPORG el entorno virtual tiene las mismas características y reglas para todos los usuarios por lo que puede ser definido como un organismo complejo, dotado de principios y leyes que determinan a todos los componentes que lo constituyen. Las partes, los avatares controlados por los jugadores, establecen relaciones entre ellos y, todos juntos, donan al sistema un conjunto de propiedades.

Los MMORPG podrían también ser descritos como sistemas abiertos en los cuales cada uno de los avatares interactúa con los demás mediante la modificación de sí mismos, los otros y el entorno virtual al que pertenecen. El avatar además está siempre intercambiando información y material virtual con el entorno. En este modo, cada uno de los componentes evoluciona constantemente.

El sistema, por otra parte, está constantemente abierto al registro de nuevos jugadores y a la retirada de aquellos que deciden renunciar a formar parte del juego. Dentro del juego, por lo tanto, el número y las características de los avatares que forman parte de ella está en constante evolución.

De este modo, entonces, podemos definir las características de los MMORPG, partiendo de las propiedades definidas en la Teoría General de los Sistemas.

Totalidad

Cada Avatar que forma parte de un MMORPG está en tal relación con los otros avatares que cualquier cambio de uno de ellos causa un cambio en todos los otros y, por lo tanto, en todo el sistema. En otras palabras, el comportamiento de cada individuo virtual está en relación con el comportamiento de todos los demás miembros Y, si cambia una parte, cambia el todo. Un MMORPG no debe entenderse como un simple lugar virtual en el que se insertan un número determinado de avatares con una vida independiente, sino que es un sistema interactivo que *"no se comporta como una simple combinación de elementos independientes, sino coherentemente como un todo inseparable"* y que, por lo tanto, *"no se puede hacer coincidir con la suma de sus partes"* (Watzlawick et al, 1967, pp. 118-120).

Retroalimentación

Cada avatar que forma parte del juego, además de transformar a sí mismo y a los otros personajes virtuales, modifica el propio entorno, que por lo tanto es capaz de autorregularse. En comparación con los videojuegos tradicionales, en los cuales el usuario tiene una influencia limitada sobre el contenido multimedia, la experiencia de los MMORPG es completamente interactiva. Los usuarios pueden participar al mismo juego de maneras muy distintas, y el mismo jugador, a su vez, puede experimentar cada vez situaciones muy diversas entre sí (Zhong y Yao, 2012). En estos juegos, según Stanney (2015), el jugador controla su avatar desde una perspectiva egocéntrica, a través de una visualización estereoscópica tridimensional donde la interactividad se lleva a cabo en tiempo real, a través de la retroalimentación multisensorial.

El entorno virtual y los avatares evolucionan continuamente a medida que los desarrolladores cambian las características del juego. Expanden las dimensiones del juego añadiendo nuevos escenarios y desafíos, distribuyendo nuevos recursos o nuevos peligros y ofrecen además a los jugadores la posibilidad de introducir nuevos elementos que se pueden comprar con dinero real con el fin de mejorar las habilidades del personaje.

Los MMORPG son por lo tanto un sistema que evoluciona continuamente, adaptándose de una parte a las novedades introducidas por los desarrolladores del juego y por otra a la manipulación de los propios usuarios a través de la acción de los avatares que habitan el entorno virtual.

Equifinalidad

Según von Bertalanffy (1956), *"El principio de la equifinalidad caracteriza el estado estacionario de los sistemas abiertos; es decir, contrariamente a lo que ocurre en los sistemas cerrados donde las condiciones iniciales determinan el estado de equilibrio, en los sistemas abiertos sólo los parámetros del sistema determinan el estado, que es independiente (incluso temporalmente) de las condiciones iniciales"* (p.7).

La equifinalidad, posteriormente retomada también por Watzlawick, Beavin y Don Jackson, (1967, pp. 121-123) indica que la condición desde la cual parte un sistema no determina a priori su estado final y al mismo tiempo la situación final se puede lograr mediante diferentes condiciones de inicio. Este principio también parece ser válido para los MMORPG que difieren de otros juegos porque no tienen objetivos rígidos o estrategias de juego específicas, ni tienen un principio o final claramente definido. Cada uno usuario puede decidir cuándo participar o cuando abandonar el juego.

Never-Ending-Games

La inmensidad de los ambientes virtuales, su infinita evolución, el increíble número de jugadores que simultáneamente participan en el juego (en algunos juegos los usuarios activos son millones), las infinitas posibilidades de personalizar el personaje y las metas, la cantidad de tiempo invertido por los que usuarios, han contribuido a definir estos videojuegos como Never Ending Games, videojuegos interminables, ya que los participantes siempre pueden experimentar nuevas aventuras. Esta propiedad es claramente reconocible incluso en la etimología de los nombres de algunos de los primeros MMORPG, por ejemplo, Everquest (1999), Game Neverending (2002), Anarchy Online (2001), Earth & Beyond (2002).

El género de los Videojuegos de Rol Multijugador Masivos Online ha alcanzado una cantidad de usuarios sin precedentes luego de la publicación de *World of Warcraft (WOW) en el 2004*, al cual se accede exclusivamente a través de Internet y con el pago de una cuota mensual (*Pay-to-play*). Desarrollado por Blizzard Entertainment, El juego está ambientado en el universo de Warcraft, habitado por una gran variedad de pueblos, animales, criaturas mágicas y monstruosas. El jugador actúa en el mundo virtual controlando un personaje e interactuando con los avatares de otros usuarios conectados y personajes gestionados por el ordenador. Como veremos en los próximos capítulos, el increíble éxito de este juego, que al final de 2008 alcanzó 11,5 millones de usuarios mensuales activos (Statista, 2015), y el creciente número de casos de abuso, atrajo el interés de la comunidad científica, que comenzó a investigar el fenómeno de la adicción a los videojuegos comenzando por estudiar los usuarios de WOW.

Un ecosistema participativo

En el 2010 el Educational Gaming Environments Group (EdGE) y un equipo de desarrolladores e investigadores del TERC de Cambridge, proyectaron "Martian Boneyards" (cfr. Asbell-Clarke et al., 2012), un prototipo de Videojuego Multijugador Masivo Online diseñado con la finalidad de realizar investigación científica. Martian Boneyards fue pensado como un "ecosistema participativo" donde las interacciones entre los elementos del entorno de juego son fundamentales (Asbell-Clarke y Sylvan, 2012): Según este modelo, la actividad del jugador afecta el progreso individual y el progreso comunitario, los avances del jugador y la comunidad modifican el entorno virtual convirtiéndose en parte del diseño del juego, al mismo tiempo la evolución del diseño afecta la actividad del jugador. Este ecosistema participativo incluye todas las propiedades de los sistemas abiertos identificados por von Bertalanffy presentadas en este capítulo.

Capítulo 3

El Avatar

Hasta aquí, hemos podido verificar que los MMORPG poseen características que los diferencian de otros tipos de videojuegos. Pueden ser descritos como sistemas abiertos porque albergan a una multitud de jugadores en el mismo entorno virtual que interactúan constantemente a través de la conexión a Internet. Además, difieren de otros videojuegos porque no poseen objetivos rígidos o estrategias de juego específicas y tampoco tienen un principio o final claramente definido.

Otra característica que distingue a los MMORPG es la capacidad del usuario para decidir qué forma desea asumir en el entorno del juego, a través de la personalización de un alter ego virtual.

En este capítulo, abordaremos cómo el usuario se representa dentro del juego y el vínculo que se establece entre él y su personaje virtual. En segundo lugar, profundizaremos cómo el proceso de identificación con el avatar afecta la implicación del usuario desde un punto de vista emocional, económico y temporal.

El concepto de avatar

Durante los dos primeros capítulos hemos utilizado a menudo el término "avatar" para identificar la identidad de un personaje virtual (Hamilton, 2009). Esta palabra, de hecho, tiene su origen en el antiguo idioma sánscrito y literalmente significa "descenso". El concepto de "Avatar" es de gran importancia en la religión hindú y hace referencia al "descenso del cielo", "la encarnación", "la manifestación" de una divinidad en la tierra. En particular, según el hinduismo, el dios Vishnù decide encarnarse en un avatar y luego descender a la tierra para reestablecer el bien y la justicia. En la jerga de Internet, avatar se refiere al descenso, a través de una representación virtual, de una persona real dentro de la Red.

Personalización de los avatares

El entorno virtual concede al usuario anonimato y, por lo tanto, la libertad de representarse a sí mismo en cualquier modo, sintiéndose a salvo de todo tipo de convenciones sociales y del posible juicio de parte de su familia, sus amigos, sus colegas, sus compañeros de escuela, etc. Por lo tanto, puede crear o adoptar nuevas identidades sin temor a la desaprobación de su entorno social (Turkle, 1996). Esta peculiaridad es la que los autores llaman *"desubjetivación"* (Tosoni, 2004; Turkle, 1996), subrayando cómo la invisibilidad que ofrece la Red permite que los usuarios puedan presentar una imagen de sí mismos que no necesariamente corresponde con el mundo *offline*. El sujeto se siente libre de expresarse según sus intereses y preferencias, no sintiéndose influenciado de la relación cara a cara (Bedini, 2012, 2017). Sin embargo, esta libertad es la base de algunos comportamientos inadecuados que se manifiestan en la Web, tales como *"trolear"* o insultar otros usuarios sin motivo (cfr Bedini, 2017).

Con el tiempo, los desarrolladores de los MMORPG han incrementado enormemente las posibilidades de personalización de los avatares. Las plataformas virtuales permiten asignar una infinidad de atributos personales y físicos a los personajes en el juego, como por ejemplo la edad, el color de ojos, el color de la piel, la altura, la conformación del cuerpo e incluso la expresión facial. Además, es posible personalizar el estilo añadiendo tatuajes o vistiendo el avatar con innumerables prendas de vestir y accesorios. Los MMORPG más recientes ofrecen incluso la opción de personalizar aspectos como la orientación sexual, los rasgos de personalidad, el estatus económico y social.

Según Fuster y sus colaboradores (2012) el hecho que los jugadores de MMORPG puedan crear libremente un alter ego significa para ellos construir una nueva identidad, con atributos particulares que son deseados por ellos en el mundo real, favoreciendo de una parte la satisfacción de deseos y fantasías, y de otra para protegerse de frustraciones y sentimientos negativos.

Como veremos en el siguiente capítulo, la personalización del avatar es una fase fundamental en el juego. El usuario podrá asumir un rol, progresar y formar parte de clanes estableciendo alianzas y compartiendo objetivos con otros jugadores a partir de las habilidades que asigna a su personaje.

Los progresos del avatar

En la mayor parte de los MMORPG, el avatar supera niveles enfrentándose a otros personajes o siguiendo diversas aventuras (o misiones) llamadas *quests* (Carbonel et al., 2009). Inicialmente los personajes no poseen un amplio repertorio de destrezas. El avatar acumula experiencia y mejora su posición en el juego a través de la asignación de puntos que pueden ser utilizados a su vez para aumentar la habilidad del personaje y, en consecuencia, la capacidad de lograr mejores resultados.

Cuando una persona juega con un MMORPG a través de un Avatar, ejercita al mismo tiempo sus habilidades de jugador y las destrezas del Avatar que controla. Se establece de este modo un progreso simultaneo de capacitación que vincula la persona con su avatar. El progreso inicial es rápido, casi instantáneo; sin embargo, a medida que un jugador avanza en el juego, la cantidad de tiempo, esfuerzo y nivel de complejidad aumenta hasta que la progresión se vuelve tan lenta que es casi imperceptible (Sanders et al., 2016).

Vínculo del jugador con su avatar

Mediante el proceso de perfeccionamiento del avatar, la constante interacción con los otros usuarios y el desarrollo de estrategias para sobrevivir a la competencia virtual, el jugador activa una serie di percepciones, emociones, cogniciones, que alimentan un fuerte vínculo con su propio avatar (Grodal, 2000). También los autores Zhong y Yao (2012) sostienen que en los MMORPG los jugadores están conectados con su avatar a través de múltiples canales. A nivel de funcionamiento, un solo jugador puede elegir sólo un avatar seleccionando a su gusto las características: su género, apariencia física, armas y habilidades. En este modo, el jugador está representado en un determinado entorno virtual sólo por ese avatar, al cual debe "alimentar" y "vestir" a medida que avanzan en el juego, invirtiendo importantes recursos psicológicos para ello (Zhong y Yao, 2012).

A pesar de la existencia "virtual" del personaje, los sentimientos hacia él son reales (Smahel et al., 2008). Cuanto más fuerte es la relación entre el jugador y avatar, más negativos serán los sentimientos del jugador si su personaje es atacado o eliminado (Wolvendale, 2006).

Kimberly Young, psicóloga con experiencia internacional en adicción a Internet y fundadora del Centro para la *Adicción a Internet* (ya en 1995), señala que los avatares de los MMORPG pueden crecer y progresar indefinidamente, sin embargo, los jugadores deben dedicar una cantidad significativa de tiempo a las actividades del juego, proporcional a los resultados que se desean obtener. (Young, 2009). Las investigaciones de Jin y sus colaboradores (2017) revelan que, en los juegos de rol en línea, la inversión del jugador puede ser incluso económica, y que, en comparación con otros tipos de juegos en línea, los MMORPG hoy en día atraen una cantidad mayor de usuarios dispuestos a pagar para obtener artículos virtuales.

Identificación con el avatar

La investigación de Lim y Reeves (2009) señala que cuanto más los jugadores se sienten representados por su avatar, menor será la distancia psicológica con éstos, convirtiéndose así la actividad del juego en una actividad relevante para la construcción de la identidad. Como resultado, los jugadores se demuestran fuertemente motivados a dedicar mucho tiempo, recursos psicológicos y monetarios al desarrollo de los avatares aumentando de esta manera el riesgo de adicción (Lim y Reeves, 2009). Esta hipótesis parece ser confirmada por la investigación de Zhong y Yao (2012), según la cual, si un jugador percibe el avatar como una representación de sí mismo, se sentirá siempre mas responsable y comprometido con el destino del avatar en el mundo virtual.

A través de la aplicación de un cuestionario en línea, Ducheneaut y sus colaboradores (2009) relevaron que aquellos jugadores que perciben una diferencia psicológica menor entre ellos y su avatar son generalmente más satisfechos y pasan más tiempo en línea. Del mismo modo los estudios de

Klimmt (2009), confirman esta hipótesis, indicando que el nivel de identificación del usuario con su avatar tiene un impacto directo en la implicación y la diversión del jugador. También Park y Lee (2011) han estudiado esta relación, señalando que el grado de identificación influye en la intención del jugador a comprar artículos sea para aumentar la competitividad que para mejorar el aspecto del personaje. A través de estos mecanismos, los autores presumen que una mayor identificación puede aumentar el compromiso, la motivación y el placer del jugador.

El proceso de identificación

La identificación, según Cohen (2001), es un proceso psicológico por el cual la persona adquiere la perspectiva, los objetivos y la identidad del personaje. Como hemos visto en los capítulos anteriores, en los MMORPG, cada usuario tiene la oportunidad de diseñar y realizar su propia identidad virtual a través de la creación de un avatar, definiendo su aspecto físico, el carácter, sus fortalezas y debilidades. Cada uno de estos aspectos no es permanente, sino que puede ser establecido en el curso del juego. Puede suceder incluso que los usuarios creen más de una cuenta para poder utilizar avatares distintos que les permitan experimentar otras situaciones, otras habilidades, otros estilos de interacción y apariencias completamente diferentes. Los MMORPG, por lo tanto, permiten al jugador construir diferentes representaciones de sí mismo que le consienten a su vez mayores posibilidades de interacción con otros personajes dentro del juego.

El concepto de los "posibles sí mismos" fue introducido por Markus y Nurius (1986); ellos conciben el "sí mismo" como un concepto flexible, considerando que las personas actúan de manera diferente en diferentes situaciones, influidos por las funciones y características del contexto ambiental y social en el que se insertan en un momento determinado. Los posibles sí mismos puede definirse como una forma de autoconocimiento de lo que el individuo podría llegar a ser en el futuro, un mecanismo que permite al sujeto anticipar las etapas de su crecimiento identitario (Markus y Nurius, 1986).

De manera similar, Turkle (1996) sostiene que en el mundo virtual los jugadores tienen la oportunidad de "ampliar" la propia identidad a través de los avatares, extendiendo las posibilidades de construcción de sí mismos.

Por otra parte, McCreery et al. (2012) señalan que los individuos virtuales, a pesar de ser independientes, no están fragmentados ni desconectados unos de otros, sino que constituyen todos juntos a su vez una identidad colectiva.

A partir de los elementos expuestos precedentemente, podemos afirmar cuanto sea central el proceso de identificación en los MMORPG. A pesar de ello, hasta ahora la literatura científica en este ámbito no nos ofrece grandes luces y son diversas las preguntas que se podrían afrontar, como por ejemplo: ¿las características psicofísicas del jugador y las que atribuye a su propio avatar pueden ser asociadas en algún modo?; ¿que relación existe entre la identidad real y la identidad virtual?; si se afirma que el avatar es realmente una representación de la identidad del jugador, ¿podemos suponer que el análisis del comportamiento del avatar en el juego (el papel que desempeña y la forma en que interactúa con otros personajes) puede revelar algunas características psicológicas del jugador en la vida offline?

Sería interesante, además, comprender si el rendimiento del jugador a través del avatar puede ser utilizado como *feedback* para el mismo jugador, de tal manera que éste pueda modificar eventualmente la representación de sí mismo.

Capítulo 4

MMORPG y relaciones

En el capítulo anterior hemos podido analizar la relación entre jugador y avatar. Algunos estudios sostienen que el vínculo emocional que se crea es muy fuerte y que, mientras más se sienta representado el jugador por su avatar, mayor será la probabilidad de invertir tiempo y dinero en el juego. Así como también, un alto grado de identificación con el Avatar, proporcionará al usuario una experiencia de juego más agradable y placentera.

El placer que sienten los usuarios al jugar con un MMORPG, no sólo se debe a la riqueza de la experiencia de juego, sino también a las relaciones que pueden experimentar interactuando con otros avatares (Jin et al, 2017). Este capítulo busca descubrir porqué es tan importante en estos juegos la interacción de los jugadores.

También tratará de describir los métodos usados por los usuarios para crear clanes y establecer alianzas dentro del juego, las reglas que determinan estos grupos, los roles que los jugadores asumen y las responsabilidades que contraen en relación con otros jugadores. Por último, profundizaremos el sentido de pertenencia que pueden experimentar las personas dentro y fuera del juego gracias a las características peculiares de los MMORPG.

La interdependencia entre los jugadores

Las palaras de apertura de este capitulo, pronunciadas en una entrevista por Braid McQuaid, diseñador de "Everquest" (1999), subrayan que los juegos de rol en línea están diseñados para crear interdependencia entre los jugadores. Esta interdependencia es fomentada a través de la programación de misiones y tareas en el juego que requieren la colaboración de múltiples jugadores para su completa realización. La cooperación aumenta las posibilidades de supervivencia y el éxito dentro del juego, favoreciendo, por lo tanto, el avance y el mejoramiento de las habilidades del avatar. Este aspecto, según Cole y Griffiths (2007), adiestra a los jugadores a depender unos de otros, lo que fortalece sus relaciones y les da la oportunidad de reconocer los beneficios del trabajo en equipo. La naturaleza perpetua del juego permite que las alianzas entre los jugadores sean duraderas y que no terminen necesariamente al final de la sesión. Según algunos autores (Ang et al, 2007; Jakobson y Taylor, 2003), los MMORGs se crean con el objetivo de fomentar relaciones a largo plazo entre los jugadores a través de mecanismos que promueven el sentido comunitario. Estas comunidades, que permiten a cada uno de los jugadores obtener ventajas en el juego a través de la cooperación y la colaboración son llamadas "clanes". Según Guegan (et al, 2015), son la expresión prototípica de lo que hoy en día se puede llamar "grupos mediados por la tecnología".

Clanes

Resulta interesante que, para definir este tipo de comunidades virtuales entre jugadores, en inglés se utilice la palabra *"guild"* (en español "guilda") que se traduce más bien como "cofradía" o "gremio", haciendo alusión a la naturaleza corporativa de estos grupos.

El término *"guild"* de hecho, tiene un origen muy antiguo: las *"guildas"* eran grupos que existían en Inglaterra en el siglo IX y preveían pactos específicos de mutua asistencia entre sus miembros, por ejemplo, respecto a la reparación de las casas luego de un evento trágico como un incendio o para la venganza de delitos padecidos por alguno de los integrantes. Entre 1100 y 1133 aparecieron las *"guildas"* de comerciantes y artesanos, que adquirieron la función económica de las corporaciones medievales en países como Francia, Italia, Alemania y Holanda, convirtiéndose en el siglo XIII en un elemento regulador respecto a algunas dinámicas relativas al empleo.

Los clanes, componentes claves de los MMORPG, son grupos de jugadores que se reúnen y administran una asociación virtual. La organización interna es jerárquica y a cada jugador se le asigna un rol y rango, como en una comunidad real. Cualquier persona que quiera unirse a un clan debe presentar una solicitud a la misma. Si se acepta la solicitud, se formaliza la participación y se asigna un rango y un rol al nuevo miembro. Los clanes permiten unificar los recursos y utilizarlos para lograr objetivos comunes. Los miembros del mismo clan tienen la posibilidad de comunicarse entre sí a través de un chat de grupo.

Los clanes ofrecen a sus miembros la posibilidad de establecer vínculos duraderos por lo que pueden ser identificados como verdaderas comunidades virtuales che promueven la formación de relaciones significativas y que aumentan el sentido de pertenencia entre sus miembros (Ducheneaut et al., 2007). Se añade, de este modo, mayor valor a la experiencia de juego permitiendo la interacción y la oportunidad de conocer nuevas amistades con los otros jugadores online. Esta compleja interactividad es, para algunos autores, la característica principal de los MMORPG (Fuster et al., 2013).

Cada clan puede interactuar con otros clanes, con los cuales es posible desencadenar un conflicto, formar una alianza para atacar o defenderse de otros adversarios, o realizar intercambios comerciales. Los clanes son administrados a través de reglas, jerarquías formales e informales, y roles específicos (Fuster et al., 2012).

Reglas

Como en todas las comunidades, los clanes poseen requisitos para participar. Cuando un jugador desea unirse a un clan, debe aceptar el reglamento interno. Este reglamento, similar a un estatuto, es compartido por todos los miembros y define la misión y los objetivos del clan. Define las funciones y rangos dentro del clan, los derechos y deberes de los jugadores, las reglas generales de conducta entre miembros y con los jugadores externos a la comunidad, así como también son definidas normas sobre el intercambio y la distribución de los recursos de uso común. Además, son establecidas sanciones que pueden ser impuestas a los jugadores que se comportan indebidamente o contra las políticas del clan. Éstas van desde simples suspensiones a expulsiones del clan en caso necesario. Por último, algunos clanes establecen una clara reglamentación con respecto a la participación de los miembros en el juego, como el tiempo de utilizo o los horarios de reunión para llevar a cabo en cooperación algunas misiones particulares, desafíos o batallas.

Todas estas reglas aumentan el sentido de pertenencia y solidaridad entre los miembros del mismo clan. Según Ang y Zaphiris (2010), cuando un jugador pertenece a un clan con un alto grado de solidaridad, es más fácil para él estar disponible cuando el equipo lo llama para completar una tarea o misión y, su vez, gastará más fácilmente tiempo y dinero en nombre del equipo.

Jerarquías

Como en una sociedad real, los clanes poseen una organización especifica de carácter jerárquico que define rangos con distintos niveles de responsabilidad.

Es necesario considerar que cada juego puede denominar los rangos en manera distinta fundamentalmente en relación con la ambientación del juego, es decir, en un MMORPG con ambientación histórica (por ejemplo, en el medioevo) los rangos serán denominados diversamente que en un juego con una ambientación apocalíptica o de terror. Sin embargo, es posible reconocer en general una organización similar que se tratará de describir en las siguientes líneas.

Todos los clanes poseen un líder (*"guild master"*), que dirige el grupo, establece las reglas del grupo, coordina a todos los jugadores que forman parte de él. Los clanes pueden variar en tamaño (desde unas pocas unidades hasta varios cientos de miembros), cuanto mayor sea el clan, mayor será el esfuerzo requerido al líder para gestionar los asuntos del grupo. El líder es responsable de asignar a cada uno de los miembros un rango, cada uno de los cuales proporciona ciertos derechos, deberes y responsabilidades. El rango se asigna de acuerdo con diferentes criterios: edad dentro del clan, experiencia y habilidad en el juego, compromiso y frecuencia demostrados a favor del grupo, etc.

Por lo general, el líder elige un *colíder o mano derecha* y, especialmente si el clan está compuesto por un gran número de miembros, puede existir una verdadera junta directiva que lo apoya en la gestión del grupo. Estos jugadores pertenecen al rango más alto de la jerarquía del clan.

Bajo el líder, el colíder y la junta directiva, por lo general encontramos un rango de oficiales o comandantes, que ayudan en realización de algunas tareas administrativas. A menudo, dentro de estas comunidades, uno o más oficiales tienen la tarea de diseñar, planificar y coordinar los eventos del clan que generalmente se manejan por medio de un calendario. A otros se les da la responsabilidad de gestionar las relaciones con otros clanes, o la responsabilidad de moderador con el objetivo de resolver disputas, conflictos o malentendidos entre los miembros.

Los *miembros* comunes (también llamados *reclutas*) son jugadores que pueden alcanzar la promoción y ser oficiales en el futuro. Por último, los *nuevos reclutas* del clan están en la parte inferior de la jerarquía, y deben demostrar habilidad en el juego además de dedicación y compromiso con el clan.

Roles

En los clanes, además del rango, a cada persona se le asigna un rol específico, que generalmente se basa en la habilidad del avatar que el jugador controla. En la mayoría de los MMORPG podemos identificar cuatro roles clave que promueven las interacciones de los jugadores (Fuster et al., 2013):

- *Tanque (Tank)*: el encargado de proteger a los compañeros, asegurándose de que no sean atacados o dañados por el enemigo;
- *Distribuidor de daño (Damage dealer)*: se dedica a atacar a los oponentes;
- *Sanador (Healer)*: tiene la tarea de cuidar de los compañeros que han sido dañados;
- *Soporte (Supporter):* combina los aspectos anteriores pudiendo adoptar diferentes formas con predominancia de uno de los tres roles principales mencionados anteriormente.

Los roles, como hemos visto al principio del párrafo, se asignan en función de las habilidades del avatar. Cada uno de ellos posee algunas habilidades que los otros no tienen, por lo que cada uno es indispensable para el éxito de los demás. El *tank* juega un papel de protección y es esencial, ya que evita que otros personajes, menos fuertes desde el punto di vista defensivo, sean dañados por los ataques de enemigos. Sin embargo, el *Tank* no es experto en atacar, que es en cambio una cualidad que posee el *Damage dealer*, cuyo papel es infligir el mayor daño posible al enemigo. Las victorias en los duelos se deben a la capacidad de aquellos que interpretan este rol. L'*healer* (o sanador) tiene la tarea de curar los daños provocados al grupo. Sin él la supervivencia de los otros avatares es muy difícil. El papel del sanador es asegurar que todos los jugadores permanezcan vivos y por esta razón aquellos que desempeñan este papel tienen una responsabilidad importante. Los *supporters*, con características híbridas, aprovechan las habilidades que poseen de manera diferente dependiendo de las necesidades del grupo.

Es necesario considerar que la subdivisión precedente, en cuatro tipos fundamentales de roles, es una simplificación. Es posible distinguir en los diferentes MMORPG una amplia gama de personajes adicionales, cada uno con su propia singularidad y cualidades que pueden contribuir al éxito de las metas y objetivos del clan.

Responsabilidad y sentido de pertenencia

Los roles en los MMORPG están diseñados para que cada jugador necesite formar un equipo con otros para lograr las tareas u objetivos del juego más fácilmente o más rápidamente posible. La ausencia de algunas figuras durante una sesión de juego, de hecho, puede influenciar negativamente todo el grupo. Además, el hecho de que los recursos obtenidos a lo largo del juego se compartan con todos los miembros, hace que cada uno de los jugadores sea responsable del destino de todo el clan. Un sistema organizado de esta manera promueve el juego en grupo, la interdependencia entre jugadores y un elevado sentido de pertenencia. Es precisamente la naturaleza de los MMORPG que hace necesaria la conformación de clanes, cada uno de los cuales administrado por un líder que promulga reglas detalladas de interacción entre los jugadores y les asigna un rango y un rol específico. Cada nuevo recluta primero debe ganarse la confianza del líder y de los otros miembros del clan para convertirse en un miembro permanente. Lo mismo se aplica a cada miembro, que debe demostrar lealtad, responsabilidad y competencia antes de ascender de rango o adquirir mayores responsabilidades.

Las alianzas, facilitadas por medios de comunicación instantáneos que permiten una comunicación en tiempo real, como el chat de texto y voz, a menudo se desarrollan y se convierten en relaciones sociales. En otras palabras, el mecanismo del clan proporciona a sus miembros vínculos estables, por lo que estas agrupaciones pueden ser vistas como verdaderas "comunidades virtuales" que dan la oportunidad de establecer relaciones sociales y que aumentan el sentido de pertenencia a un grupo (Ducheneaut et al., 2007).

Más allá del juego

El sentido di pertenencia es fomentado, además, a través de dispositivos virtuales complementarios al juego, como blogs o foros dirigidos por los propios miembros del clan. Cada usuario también puede ponerse en contacto con otros jugadores para discutir del juego o intercambiar experiencias. Incluso, los jugadores a menudo usan algunas redes sociales para cargar y compartir videos. Estos son a menudo visualizados por nuevos usuarios para profundizar su conocimiento respecto a algunos MMORPG y aprender nuevas estrategias de juego. Alrededor de los juegos, por lo tanto, pueden nacer verdaderas comunidades virtuales, creando un mundo paralelo a la vida del jugador. Todos estos mundos virtuales fuera del juego contribuyen al aumento del sentido de pertenencia. Los resultados de las investigaciones muestran que existe una relación significativa entre la presencia de lazos sociales, el placer experimentado por los usuarios y el compromiso asumido en el juego (Jin et al., 2017).

Capítulo 5

Características de los jugadores

> *"Personalmente espero pasar los últimos años de mi vida conectado a un MMORPG que simule la vida real, que me haga pensar y sentir que tengo 18 años mientras mi cuerpo de 90 años yace en algún lugar alimentado por vía intravenosa. Sería una manera fabulosa de acabar la vida."*
>
> Drew Curtis, fundador de Fark.com

En los capítulos tercero y cuarto hemos expuesto algunos aspectos relativos a la creación y personalización del avatar. Hemos profundizado además el proceso de identificación y las relaciones sociales que surgen y se desarrollan a través de los juegos de rol en línea. Finalmente, hemos constatado, a partir de los resultados de las investigaciones, que la naturaleza interactiva del juego y el nivel de identificación que el jugador adquiere respecto a su personaje aumentan el placer, la diversión y el compromiso, incluso en términos de tiempo y dinero invertido. Este capítulo está dedicado al análisis de algunos informes e investigaciones que han intentado reconocer las tendencias del mercado de los videojuegos para revelar algunas características específicas de los jugadores de los MMORPG.

Género

En la mayor parte de las investigaciones, cuyos participantes son reclutados en línea en foros y blogs, resulta que los MMORG son espacios virtuales que envuelven predominantemente personas de sexo masculino. Blinka y Mikuška (2014), reclutando participantes para su investigación, encontraron que el 84% eran varones. Un estudio de Lehenbauer-Baum y Fohringer (2015), realizado en una muestra de jugadores de alto nivel, austriacos, alemanes y suizos, reclutados a través de foros y clanes de World of Warcraft, involucraron un 77,1% de los usuarios masculinos. Resultados similares fueron encontrados por Griffiths y sus colegas (2003), con 81% de hombres y por Yee (2006), con 84,4% hombres. Por lo tanto, la investigación muestra que la participación en estos juegos se refiere a un público predominantemente masculino. El siguiente gráfico resume los datos de género:

GÉNERO

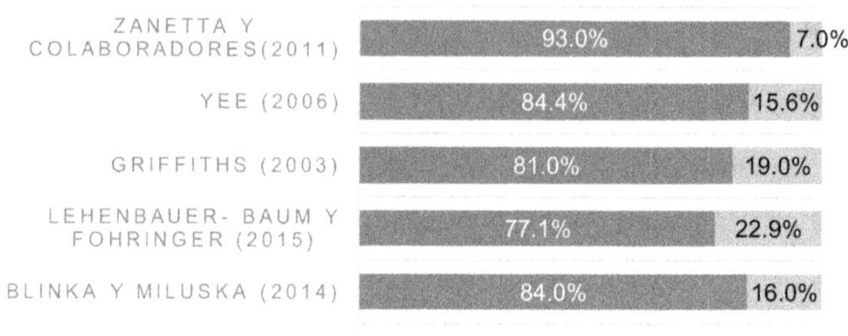

Gráfico 1. Género de los jugadores de MMPORG

Edad

El estudio realizado por Fuster (et al., 2012), realizado en usuarios de habla hispana inscritos en World of Warcraft (2004), encontró que la edad media de los jugadores era de 22,2 años, de los cuales el 47,04% pertenecían al grupo de 16 a 19 años, del 32,41% al grupo de 20 a 24 años, mientras que el 14,62% tenía entre 25 y 29 años. La investigación de Cole y Griffiths (2007) mostró una edad promedio de 23,6 años, con un 28,2% de los jugadores mayores de 25 años y un 20,6% menores de 18 años. En la investigación de Yee (2007) la edad promedio fue de 26,57 años, una cuarta parte de los cuales eran adolescentes. Zanetta Dauriat (et al, 2011) hallaron una edad promedio de 25,83 años. Finalmente, en un estudio de Lin y Wang (2014), la edad promedio de los participantes reclutados a través de una entrevista en línea fue de 26,84 años. El siguiente gráfico muestra los datos de edad media de los cinco estudios examinados.

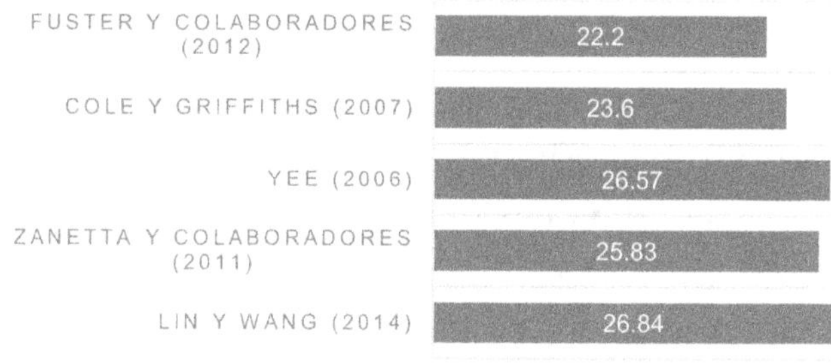

Gráfico 2. Edad promedio de los usuarios de MMORPG

Los datos recopilados en las cinco investigaciones citadas revelan que los MMORPG, en lugar de adolescentes, implican predominantemente una audiencia de adultos jóvenes, trabajadores o estudiantes universitarios, de entre 20 y 30 años. La investigación de Yee (2006), por ejemplo, encontró que el 50% de los participantes trabajaban a tiempo completo, el 36% estaban casados y el 22% tenían hijos.

Horas de juego

Respecto a la participación en el juego, algunas investigaciones han logrado reconocer el número medio de horas por semana invertidas por el usuario de los MMORPG. Del estudio de Fuster et al. (2012) resultó que los jugadores pasaban un promedio de 22,7 horas por semana, números muy similares a los encontrados por Cole y Griffiths (2007) y Yee (2006) que indicaban 22,85 y 22,72 horas por semana respectivamente. La investigación de Zanetta Dauriat et al. (2011), en cambio, señala un promedio ligeramente más alto de horas por semana (25,70), del mismo modo que Kuss et al. (2012), que encontró un número promedio de 27,42 horas por semana. Este ultimo autor comparó además las horas jugadas por los usuarios de MMORPG con las horas jugadas en promedio por una muestra de jugadores de otros géneros de videojuegos. Los resultados muestran que los jugadores no-MMORPG jugaron un promedio de 4.74 horas por semana, significativamente menos que los jugadores de MMORPG (27.42). Finalmente, Fuster et al. (2012), observaron que el número de horas jugadas por semana tiende a permanecer constante a medida que aumenta la edad del jugador. El siguiente gráfico muestra las horas semanales del juego que surgieron de los estudios descritos anteriormente:

HORAS DE JUEGO

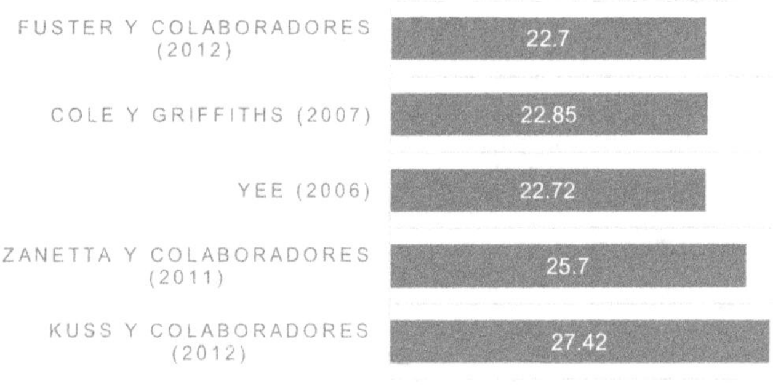

Grafico 3. Horas de juego por semana dedicadas a los MMORPG

En todos los estudios mencionados anteriormente emerge que los jugadores invierten en promedio alrededor de 20/30 horas semanales jugando los MMORPG. La investigación de Fuster et al. (2012) revela además que el 14,6% de los participantes encuestados dedican más de 40 horas a la semana dentro de los MMORPG, mientras que la investigación de Yee indicó que el 60,9% ha jugado juegos de rol en línea durante al menos 10 horas continuas en un día. Estos datos parecen estar en línea con la idea de Van Rooj et al. (2010), según la cual los MMORPG implican a los jugadores más que cualquier otro tipo de videojuego.

Implicación a lo largo del tiempo

Otro hallazgo interesante de un estudio de Fuster y sus colaboradores (2013) es que en promedio los jugadores han estado inscritos en el mismo MMORPG durante unos 2 años y medio y que han sido usuarios de otros juegos de rol, en promedio, durante seis años. La hipótesis de los autores, por lo tanto, es que los MMORPG no son una moda pasajera y que los usuarios, a lo largo de los años, siguen siendo fieles al género. La hipótesis de los autores parece confirmarse por los resultados que surgieron en la investigación de Zanetta Dauriat et al. (2011), según los cuales el 45,98% ha jugado con un MMORPG durante más de 1 año, el 29,89% durante más de 3 años, el 15,9% durante más de 6 años y el 4,45% durante más de 10 años. Parecería, por lo tanto, que los usuarios que son apasionados por este género de juegos permanecen implicados durante diversos años dentro de estos mundos virtuales.

Motivaciones

Según Yee (2006a), los MMORPG tienen un gran atractivo precisamente porque son capaces de satisfacer al mismo tiempo diferentes motivaciones de juego. El autor, a través de su investigación, ha propuesto una subdivisión en tres categorías de las motivaciones que están a la base de la elección de jugar con un MMORPG:

- *Achievement* (logros, metas): incluye el progreso del avatar, el alcance de objetivos y la competencia con otros jugadores;
- *Social*: incluye la capacidad de socializar, relacionarse con los demás y el trabajo en equipo para alcanzar objetivos comunes;
- *Immersion*: incluye la exploración del entorno del juego, asumir un rol, personalizar el avatar y la fuga de la realidad a través de la implicación virtual (*escapism*).

Esta subdivisión es similar a la propuesta presentada por Zanetta Dauriat et al. (2011) que han identificado las siguientes motivaciones: *Achievement, socialization, immersion* y *relaxing/escaping*.

Fuster et al. (2012), en cambio, han distinguido cuatro categorías de motivaciones relativas al juego de rol masivo en línea: *socialization* (relacionarse con los demás, hacer nuevos amigos), *esploration* (descubrimiento del juego y las aventuras que ofrece), *achievement* (alcance de metas y un interés en el liderazgo, el prestigio y el alcance de logros específicos) y *dissociation* (identificación con el avatar y fuga de la realidad). Además, los autores lograron reconocer cuales de estas cuatro motivaciones son las más presentes en los jugadores. Señalan que en primer lugar se encuentra la socialización, seguida de la exploración, el logro de objetivos y metas y, por último, la disociación.

Por ultimo, Lin y Wang (2014) también identificaron cuatro razones principales (1) *exploración* del entorno virtual en el que se pueden hacer cosas que de otro modo son imposibles o difíciles en la realidad; (2) *navegación social,* que incluye la capacidad de hacer amigos y construir una reputación; (3) *adaptación* al contexto sociocultural; (4) *representación* a través del avatar.

Respecto a la experiencia de "fuga" de la realidad, considerada por muchos jugadores entrevistados una de las principales razones para jugar con MMORPG, es interesante destacar un estudio de Snodgrass y colaboradores (2014) respecto a los usuarios de World of Warcraft. En el estudio se manifiesta que los jugadores che sienten mayores niveles de estrés offline (en la vida cotidiana), tienen una predisposición mayor al uso y a la implicación en el juego online que les ofrece una forma de "estrés positivo". Los jugadores han declarado que el juego les proporciona "alivio", distrayéndolos de los problemas reales.

En síntesis, a partir de las investigaciones anteriores, es posible diferenciar fundamentalmente cuatro motivaciones que guían el comportamiento de los jugadores:

- la capacidad de identificarse con un avatar y avanzar en el juego, adquiriendo reputación a través del logro de objetivos y la competición con otros jugadores;
- la capacidad de socializar con otros usuarios y cooperar para alcanzar objetivos comunes;
- la posibilidad de sumergirse en un mundo virtual, descubriendo nuevas experiencias;
- la posibilidad de escapar de la realidad cotidiana.

Uso excesivo

Los datos expuestos en el curso de este capítulo nos permiten comprender mejor algunas características importantes de los jugadores que de los MMORPG. Los resultados revelan que el usuario promedio es un hombre de entre 20 y 30 años, que pasa más de 20 horas a la semana en el juego y mantiene su inscripción, siendo fiel a este genero de videojuego, por al menos un par de años. Además, es posible reconocer que la implicación en este tipo de juegos es significativamente mayor a la de los usuarios de otros géneros. Los resultados muestran que las motivaciones de esta fuerte implicación en el juego se constituyen como características distintivas de los MMORPG respecto a otros juegos. El usuario, de hecho, aprecia la oportunidad de socializar, ya que el juego le ofrece la posibilidad de competir y progresar en el juego desafiando a otros usuarios, y de colaborar con ellos en la consecución de objetivos comunes. Todo sucede en un entorno virtual atractivo y dinámico, en el que cual el jugador se puede sumergir a través de un avatar que lo representa y escapar, durante unas horas, a los problemas de la vida real.

Los resultados de una investigación de Ng y Wiemer-Hastings (2005) muestran que, en términos de horas semanales, la inversión de parte del jugador es significativamente mayor en los juegos de rol en línea (de 21 a 40 horas) en comparación con otros géneros (de 1 a 6 horas). Kuss y sus colaboradores (2012) encontraron resultados similares, ya mencionados en este capítulo.

Ya en el 2006 Yee había sugerido que los MMORPG, que requieren una alta inversión de tiempo, podrían llevar al usuario a desarrollar problemas relacionados con el uso excesivo. Su idea fue confirmada por Griffiths y Meredith (2009), que afirman que la naturaleza perpetua de los MMORPG puede aumentar enormemente el riesgo de abuso. Del mismo modo, Van Rooj et al. (2010), indican que los

MMORPG poseen un grado de correlación con el uso compulsivo de Internet más alto que cualquier otro videojuego. Por último, Kimberly Young (2009), señala que las propias características del juego fomentan una implicación excesiva.

Capítulo 6

Abuso y adicción en los MMPORG

"Me defino drogadicto, porque sufro los mismos síntomas que aquellos que son adictos al tabaquismo, al alcohol o a alguna otra sustancia. Pienso en Everquest incluso mientras no estoy jugando, me siento estresado si paso 24 horas sin acceder al juego, no pude parar cuando lo intenté.
Si no es una adicción, no sé qué es."
Un chico de 22 años (Yee, 2004)

En el transcurso del capítulo anterior, se presentaron los resultados de algunas investigaciones respecto a los usuarios de los MMORPG que revelaron una imagen bastante coherente: una buena parte de ellos son hombres, entre 20 y 30 años, y juegan al menos 20 horas a la semana. Aquellos que creían que los MMOPRG estaban poblados principalmente por una audiencia adolescente pueden haberse sorprendido por la cantidad de adultos que se encuentran en estos mundos virtuales y cuánto tiempo y energía invierten en esta actividad. La fuerte pasión que distingue a muchos de los usuarios a menudo se transforma en un uso excesivo ya que el juego abarca la mayor parte de sus vidas.

Este capítulo está dedicado al tema del uso excesivo y la adicción a los juegos de rol en línea. Algunos usuarios corren el riesgo de abandonar las relaciones sociales en el mundo real, otras aficiones e intereses, o incluso a poner en segundo plano importantes compromisos y responsabilidades de la vida cotidiana. Las similitudes observadas en la literatura en los últimos 15 años, relativas al comportamiento de las personas en caso di adicciones a las sustancias y el abuso de los videojuegos, han llevado al reconocimiento del Trastorno por juego en Internet (*Internet Gaming Disorder*), incluyéndolo en el DSM-5 entre aquellas situaciones que merecen una investigación adicional.

Juego excesivo y abuso

Como se señaló en el capítulo anterior, los primeros estudios que examinan la participación de los usuarios en los juegos de rol en línea se remontan a los primeros años del nuevo milenio, es decir, al momento en el cual se produjo la difusión de los MMORPG. El género ha experimentado un período de fuerte expansión desde 2004, año en el cual World *of Warcraft* salió al mercado. En poco tiempo este juego llegó a millones de suscriptores, al mismo tiempo que nacieron miles de clanes, comunidades en línea, blogs, foros y, en los últimos años, páginas de redes sociales y canales de Youtube. Usuarios de todo el mundo mostraron inmediatamente un gran interés en este nuevo género que, superando los diversos niveles en horas y horas de juego, se sumergían siempre más en el universo virtual de Warcraft, habitado por una amplia variedad de pueblos, animales, criaturas mágicas y monstruosas.

En esos años, comenzaron a manifestarse los primeros casos de abuso por parte de algunos usuarios de World of Warcraft y otros juegos de rol en línea. El fenómeno comenzó a crear interés a un número creciente de estudiosos de diferentes orígenes culturales (sobretodo Europa, Asia y los Estados Unidos), que llevaron a cabo los primeros estudios destinados a profundizar la relación entre los usuarios y los MMORPG.

Los resultados de los primeros estudios llevaron a los autores a especular que algunos usuarios podrían desarrollar una serie de síntomas relacionados con el uso excesivo de este tipo de videojuegos. Una investigación de Griffiths y Davies (2005) encontró que el uso excesivo de videojuegos puede tener efectos potencialmente dañinos para algunos individuos. Según Yee (2006), la alta inversión de tiempo requerida por los MMORPG podría ser uno de los principales factores a la base del abuso que pueden desarrollar algunos jugadores. La investigación de Smyth (2007), que comparó a usuarios de diferentes tipos de videojuegos, revela que aquellos que juegan excesivamente con MMORPG tienen peor salud y peor calidad del sueño, en comparación con los usuarios de juegos "arcade" (videojuegos que poseen una simplicidad grafica y están disponibles en lugares públicos de diversión), de juegos de consola y de juegos de PC. También tienen mayores dificultades para socializar en la vida real y peores resultados académicos. Según Griffiths y Beranuy (2009), los MMORPG a veces se utilizan para contrarrestar algunas deficiencias o problemas en la vida de los jugadores, como la pérdida de amigos, dificultades en las relaciones o problemas con la propia apariencia física. En una investigación longitudinal llevada a cabo en Singapur en las escuelas primarias y secundarias por Gentile et al. (2009), se constató que los estudiantes que mostraban signos de implicación problemática con los videojuegos tenían al mismo tiempo un bajo rendimiento escolar y relaciones conflictivas con sus padres.

Según Kiraly et al. (2014), en algunos casos de uso excesivo de MMORPG, los jugadores pueden estar tan inmersos en el juego que ignoran sus necesidades biológicas básicas (como dormir, comer o higiene personal) y pueden desarrollar problemas de salud como la pérdida o aumento de peso, problemas a la vista, dolor de cabeza y espalda, síndrome del túnel carpiano y fatiga generalizada.

Por otra parte, los estudiosos también han observado que no todos los usuarios que pasan mucho tiempo jugando con estos videojuegos desarrollan serios problemas en sus vidas (Peters y Malesky, 2008). Para Charlton y Danforth (2007) es muy importante lograr reconocer y distinguir si un jugador está fuertemente implicado en el videojuego (incluso de una manera de una manera positiva), o si la modalidad es tal que el jugador corre el riesgo de desarrollar problemas relacionados con el abuso. Es necesario, por lo tanto, distinguir los conceptos de "uso excesivo" y "adicción".

Griffiths (2010) demostró que dos jugadores pueden jugar durante un número idéntico de horas a la semana, pero su motivación psicológica y la importancia que el juego tiene en sus vidas puede ser muy diferente. Sin embargo, como se trata de un género de videojuego "perpetuo", que está activo las 24 horas del día, los 7 días de la semana y que requiere, para alcanzar ciertos niveles, una implicación casi excesiva, puede ser más una tipología con mayores índices de problematicidad respecto a los juegos offline, sobretodo para algunos individuos "en situación de riesgo" (Griffiths y Meredith, 2009). El concepto ha sido estudiado más recientemente por Wu et al. (2013), según los cuales una alta implicación en el juego puede conducir a algunos para jugadores a descuidar el mundo exterior.

Se establece de este modo que algunas características especificas de los MMORPG, como la sobre estimulación sensorial y cognitiva, la modalidad de las interacciones sociales (compromiso y sentido de pertenencia), la posibilidad de interpretar ciertos roles y la competencia con otros, pueden contribuir una mayor implicación de los jugadores que a su vez puede conducir a una adicción (Rehbein et al., 2015).

Abuso y adicción

Los resultados de las investigaciones relativas a los MMORPG en la primera década de este siglo llevaron a numerosos autores a teorizar que los juegos de rol en línea, debido a su naturaleza socializadora, anónima y de refuerzo, podrían ser adictivos. (Bessière y colaboradores, 2007; Cole y Griffiths, 2007; Kuss y Griffiths 2012; Sánchez-Carbonell y colaboradores, 2008; Talarn y Carbonell 2009).

Griffiths (2010), adaptó al abuso de los videojuegos el modelo desarrollado cinco años antes, en el cual reconocía seis fases comunes a todas las adicciones comportamentales. De este modo, propone que un individuo puede ser definido como adicto si cumple con los siguientes criterios:

- *Saliencia:* el videojuego se convierte en la actividad más importante en la vida de la persona y domina sus pensamientos, sentimientos y conductas;

- *Cambios de humor:* experiencias subjetivas que el jugador experimenta como consecuencia de implicarse en la actividad;

- *Tolerancia:* proceso a través del cual se necesita aumentar la participación y el nivel de implicación en el juego para poder obtener los mismos resultados a nivel emotivo;

- *Síndrome de abstinencia:* efectos psicofísicos desagradables que se producen cuando se interrumpe, suspende o reduce repentinamente el uso del videojuego. Incluye temblores, mal humor, irritabilidad;

- *Conflicto:* se refiere a las dificultades que derivan de la alta implicación del usuario en el videojuego. Pueden ser dificultades interpersonales o conflictos interiores; con actividades como la escuela, el trabajo, las aficiones, los intereses;

- *Recaída:* tendencia a restaurar los patrones de implicación excesiva luego de períodos de abstinencia.

Charlton y Danforth (2007, 2010), en un esfuerzo por distinguir el uso excesivo de los videojuegos de una verdadera adicción, examinaron cada uno de los seis criterios mencionados anteriormente. Su investigación muestra que los tres primeros criterios (*Saliencia, cambios de humor y tolerancia*) sirven como indicadores de una alta implicación en el juego, pero no de carácter patológica, mientras que los síntomas de abstinencia, conflicto y recaída juegan un papel central en el desarrollo de una adicción real. Resultados similares fueron observados posteriormente por Lehenbauer-Baum y Fohringer (2015) y Lehenbauer-Baum y sus colaboradores (2015). En este último estudio, surgió una diferencia significativa respecto a la inversión de tiempo en el juego: en promedio, los jugadores adictos jugaban 39,25 horas por semana, en comparación con 11,93 horas jugadas por usuarios con una alta implicación, pero sin síntomas de abstinencia, conflicto o recaída.

Adicción a los videojuegos y las adicciones a Internet

El concepto de "adicción" ha sido asociado solo desde la segunda mitad de la década de los noventa al comportamiento problemático de abuso de internet. La primera investigación sobre la adicción a Internet fue llevada a cabo por Kimberly Young (1996) a través de la aplicación de un cuestionario construido por la misma autora (Internet Addiction Test o IAT), cuyas preguntas habían sido adaptadas considerando los criterios diagnósticos relativos a la ludopatía en el DSM-IV (American Psychiatric Association, 1995). Los estudios de la destacada investigadora estadounidense fueron contemporáneos a los de Mark Griffiths, quien publicó en el 1995 un artículo titulado *"Adicciones tecnológicas"*.

La rápida difusión de la web en la segunda mitad de la década de los '90, encendió el interés de muchos otros estudiosos que alimentaron con investigaciones siempre más específicas el debate respecto a los conceptos de "adicción a internet" y "adicción a los videojuegos en línea". El objetivo era demostrar si eran dos entidades nosológicas distintas o si eran equivalentes. Hoy e día las investigaciones parecen comprobar que las adicciones a Internet y la adicción a los juegos en línea son dos entidades diferentes (Por ejemplo, Rehbein y Mößle, 2013; Kiràly et al., 2015).

CAPÍTULO 7

Trastorno por juego en Internet

"En resumen, la investigación sobre el Trastorno por Juegos de Internet ha recién iniciado.
Sin embargo, la creciente evidencia de daños clínicamente significativos por el uso excesivo de videojuegos sugiere que esta debe ser un área importante de la investigación en el futuro."
(Rehbein y colaboradores, 2015)

En los últimos años, los estudiosos de la salud mental han animado un intenso debate respecto a la definición de una problemática especifica relacionada a los videojuegos, incluso dentro de la Asociación Americana de Psiquiatría, que ha evaluado la inclusión en DSM-5 de un nuevo trastorno mental. Los autores de la quinta edición del *Manual Diagnóstico y Estadístico de los Trastornos Mentales*, luego de examinar más de 240 artículos, encontraron muchas similitudes entre los juegos de azar, el trastorno del juego y el trastorno por consumo de sustancias a nivel comportamental y sintomatológico: tolerancia, abstinencia, repetidos intentos fallidos de disminuir o suspender el uso para reestablecer un funcionamiento normal (*American Psychiatric Association*, 2013).

Sin embargo, antes de una inclusión formal entre los Trastornos *Relacionados con* sustancias y adictivos, el grupo de trabajo decidió incluir el *Trastorno por Juegos en Internet* dentro de la Sección III, entre *Condiciones para más estudios en el futuro*. En otras palabras, según el grupo de trabajo, antes de que el *IGD* (*Internet Game Disorder*) se considere formalmente como tal, es necesario un mayor estudio sobretodo desde el punto de vista clínico. En cuanto a otras adicciones conductuales, como las compras compulsivas, la adicción al trabajo, la adicción al ejercicio físico y la adicción al sexo, que también eran candidatas para su inclusión en DSM-5, el grupo de trabajo decidió no incluirlas porque la literatura a disposición no es suficiente aún (American Psychiatric Association, 2013).

En el capítulo anterior hemos revisado las diferentes etapas en el estudio del abuso y la adicción a los videojuegos. El creciente interés por este fenómeno de parte de los investigadores está directamente relacionado con la difusión de los MMORPG, en particular *World of Warcraft* (2004). Las primeras investigaciones han demostrado que este género de videojuego requiere un alto nivel de inversión que puede llevar a los jugadores a una implicación excesiva. Se ha observado que una parte de los usuarios que participa asiduamente a sesiones de juego de rol online corre el riesgo de desarrollar una serie de problemáticas relacionadas, por lo que los investigadores comenzaron a utilizar el término de "adicción" a los videojuegos, corroborando aspectos similares a las adicciones a sustancias o a los juegos de azar: preocupación significativa, síntomas de abstinencia cuando el juego no está disponible, necesidad de invertir siempre más y más tiempo, intentos fallidos de controlar el uso, pérdida de interés en otras actividades, uso continuado y excesivo incluso de frente al reconocimiento de problemas y conflictos psicosociales, y el uso del juego como herramienta para aliviar estados de ánimo negativos (O'Connor, 2014).

Los criterios diagnósticos propuestos en el Manual DSM-5

La quinta versión del DSM define el Trastorno por Juegos en Internet (IGD: Internet Game Disorder) como *uso persistente y recurrente de internet para participar en juegos, a menudo con otros jugadores, que provoca un deterioro o malestar clínicamente significativo tal y como indican 5 (o más) de los siguientes criterios en un período de 12 meses* (American Psychiatric Association, 2013):

a. Preocupación con los juegos de internet. El individuo piensa en actividades de juego previas o anticipa jugar el próximo juego. Internet se convierte en la actividad dominante de la vida diaria. Este trastorno es diferente de las apuestas por internet, que se incluyen dentro del trastorno por juego;

b. Aparecen síntomas de abstinencia al quitarle los juegos por internet. Estos síntomas se describen típicamente como irritabilidad, ansiedad o tristeza, pero no hay signos físicos de abstinencia farmacológica;

c. Tolerancia. Hace referencia a la necesidad de dedicar cada vez más tiempo a participar en juegos por internet;

d. Intentos infructuosos de controlar la participación en juegos por internet;

e. Pérdida del interés por aficiones y entretenimientos previos como resultado de, y con la excepción de los juegos por internet;

f. Se continúa con el uso excesivo de los juegos por internet a pesar de saber los problemas psicosociales asociados;

g. Ha engañado a miembros de su familia, terapeutas u otras personas en relación con la cantidad de tiempo que juega por internet;

h. Uso de los juegos por internet para evadirse o aliviar un afecto negativo. Por ejemplo,

sentimientos de indefensión, culpa o
ansiedad;
i. Ha puesto en peligro o perdido una relación
significativa, trabajo u oportunidad educativa
o laboral. Ello es debido a su participación en
juegos por internet.

Si se comparan los criterios diagnósticos
propuestos para el trastorno por juegos en internet
con aquellos propuestos para el juego patológico o
ludopatía, excluyendo algunos elementos peculiares
de los juegos de azar como la "revancha" (intento de
recuperar las perdidas a través de nuevas apuestas) o
la necesidad de requerir la ayuda de otros para aliviar
la situación económica, se pueden reconocer una serie
de similitudes: el juego patológico también incluye
preocupación, síntomas de abstinencia, tolerancia,
fracaso en los intentos de controlar el juego, mentir a
los miembros de la familia sobre la participación,
utilizar el juego para aliviar sentimientos negativos y
comprometer relaciones significativas o la situación
laboral. Sin embargo, como lo hemos expuesto
precedentemente, es necesaria una mayor
investigación y experiencia clínica antes de la
inserción formal del trastorno en la sección principal
del manual DSM (American Psychiatric Association,
2013). Petry y O'Brien (2013), indican que el *Trastorno
por Juegos en internet* no se incluirá formalmente hasta

que no se haya verificado la fiabilidad y validez de los criterios diagnósticos específicos propuestos.

Evaluación

Según Griffiths et al. (2014), una de las razones más importantes por las que el IGD no se incluyó en la sección principal del DSM-5 es que, a pesar de que existen muchos estudios sobre la adicción a los videojuegos, no existe aun un enfoque común para la evaluación de este trastorno. Una revisión de la literatura nos indica que hasta ahora se han utilizado al menos 18 instrumentos diferentes para evaluar la problematicidad del uso de los videojuegos online (King et al., 2013).

En muchos casos, se han creado nuevas herramientas de evaluación adaptando escalas ya existentes desarrolladas originalmente para medir otros tipos de adicciones comportamentales. Kiraly et al. (2014) sostiene che, por ejemplo, el Internet Addiction Test/Scale (IAT/IAS), desarrollado por Young (1998a, 1999) para medir la adicción a Internet, había sido utilizado en diversas investigaciones como base para evaluar la adicción a las apuestas online, así como también otros investigadores han optado por construir escalas evaluativas utilizando como elemento central los criterios diagnósticos del juego patológico. De este modo, la inclusión del *Trastorno de Juegos en Internet* en la sección III del DSM-5 ha permitido a la comunidad científica llevar a cabo nuevos estudios epidemiológicos a través de criterios comunes de evaluación.

Inclusión en la Clasificación Internacional de Enfermedades (CIE) – 11

Recientemente la Organización Mundial de la Salud, incluyó en su CIE-11 (Clasificación Internacional de Enfermedades), al trastorno por uso de videojuegos en el capítulo de "comportamientos adictivos", en el cual se incluyen dos categorías diagnósticas: Juego patológico y Trastorno por videojuego. Al igual que en el DSM-5, el Juego patológico se circunscribe en este capítulo, y se omite del capitulo dedicado a "Trastornos de los hábitos e impulsos". Se parte de la idea que los videojuegos comparten similitudes con el juego patológico y con los trastornos por consumo de sustancias. Se diferencia del DSM-5 porque incluye los videojuegos offline (Game Disorder) y no solo online (Internet Game Disorder).

Algunos autores consideran que la inserción del Trastorno por videojuego en la CIE-11 se debe en parte a motivaciones políticas, ya que es un documento que los países toman en cuenta para la planificación de estrategias de salud publica y la monitorización de tendencias de los trastornos con el auge de la tecnológica. El reconocimiento de la prevalencia creciente del videojuego problemático como un asunto de salud pública, sobre todo en países como China y Japón, habría sido determinante para tomar esta decisión (Bobes y colaboradores, 2019; Bean, 2017).

De este modo, la CIE-11 define el Trastorno por juego en internet como un patrón de comportamiento de uso de videojuegos, caracterizado fundamentalmente por:

1. Déficit en el control del juego (frecuencia, intensidad, duración, inicio, final, contexto);
2. Aumento de la prioridad otorgada a los videojuegos y que muchas veces predomina sobre otras actividades diarias y otros intereses;
3. Continuación de esta actividad a pesar de la ocurrencia de consecuencias negativas.

El modelo de comportamiento necesario para hacer un diagnóstico debe ser de suficiente gravedad para causar un deterioro significativo en áreas de áreas de funcionamiento personal, familiar, social, educativo, profesional u otras áreas por al menos 12 meses (WHO, 2017).

Ya al momento de publicar el borrador de la CIE-11 en el 2017, muchos autores y estudiosos comentaron la decisión de la OMS y las críticas no tardaron en surgir. En el debate abierto de los académicos en relación con la propuesta de la CIE-11 de incluir el trastorno por videojuegos (Aarseth y colaboradores, 2017) ve cuatro principales problemas a la propuesta de la OMS:

1. La calidad de la investigación es pobre;
2. La concretización actual del constructo depende demasiado de los criterios utilizados para el uso de sustancias y el juego patológico;
3. No hay consenso sobre la evaluación;
4. No hay consenso respecto a la sintomatología del uso problemático de videojuegos.

El artículo de Aarseth surge de la preocupación de un importante grupo de estudiosos que envió una carta a la OMS el 9 de noviembre de 2016 en la cual además advierten que es necesario tener en cuenta los efectos negativos que puede tener esta propuesta para la salud pública, la ciencia y el conocimiento científico de este campo, en cuanto se puede desencadenar el pánico en torno al *gaming*. Podría resultar una aplicación prematura de diagnósticos clínicos y el tratamiento de falsos-positivos, especialmente entre niños y adolescentes. Los autores consideran que no hay diferencias sustanciales entre el *gaming* y otras formas de entretenimiento, y que patologizar esta forma de entretenimiento podría abrir la puerta a hacer lo mismo con otras aficiones como el deporte. De este modo, la investigación podría dejar de ser exploratoria para pasar a ser confirmatoria. Esto ya sucedió, manifiesta Aarseth (et al., 2017) con la inclusión de la IGD en el DSM-5, que se percibió como una inclusión formal como categoría diagnostica que interrumpió la investigación para validarla, en lugar de desarrollar nuevos fundamentos teóricos. Por otra parte, de consecuencia, los jugadores que hacen un uso saludable de los videojuegos se podrían ver estigmatizados.

Otros autores, sin embargo, han apoyado la decisión de incluir el Trastorno por Juego en la CIE-11. El artículo de Van den Brink (2017), publicado para comentar la carta de Aarseth et al. (2017), argumenta que el videojuego es una actividad recreativa relativamente inofensiva y que sólo una pequeña minoría pierde el control presentando problemas relacionados con el juego; sin embargo, hay indicios claros de que el *Trastorno por Videojuegos* es una entidad clínica relevante en todo el mundo y que el reconocimiento oficial como trastorno mental es necesario para facilitar el desarrollo de tratamientos adecuados y eficaces. Según esta tesis, Higuchi (et al., 2017), además de señalar el hecho de que la mayoría de los jugadores adictos a los videojuegos están involucrados en juegos en línea, indican que la inclusión de los criterios de GD (Game Disorder) en la CIE-11 conducirá a un aumento de la capacidad y la calidad del tratamiento a través de avances en la investigación y favorecerá posibles modificaciones en los sistemas nacionales de salud para satisfacer la demanda de la población.

Kiroly y Demetrovics (2017), a pesar de estar plenamente de acuerdo con Aarseth (et al., 2017) sobre la necesidad de profundizar en muchos aspectos del GD, argumenta que la inclusión como diagnóstico formal tiene más ventajas que desventajas. Las definiciones de trastornos mentales, de hecho, no son más que el producto de acuerdos temporales entre profesionales y como tales son entidades en evolución y en el futuro, sobre la base de nuevos resultados empíricos, será posible modificar o atenuar los criterios de diagnóstico actualmente identificados (Kiràly e Demetrovics, 2017).

Epidemiología en Europa

Los estudios epidemiológicos publicados después de 2013, año de la publicación de DSM-5, se basan por lo tanto en criterios comunes de evaluación.

Un estudio noruego (Wittek et al., 2015) ha examinado las tasas de prevalencia y los predictores de la adicción a los videojuegos en una muestra de jugadores seleccionados aleatoriamente del registro demográfico nacional de Noruega. Estos son, por lo tanto, datos recogidos en una muestra de individuos noruegos de todas las edades. Según la encuesta, las personas con *Trastorno de Juegos en Internet* en Noruega son el 1,4%. Van Rooj (et al., 2011) había encontrado resultados similares en Holanda. Dicha investigación, llevada a cabo en individuos de 13 a 16 años, arrojó una tasa de prevalencia de la adicción a los videojuegos online del 1,5%. La investigación de King (et al., 2013) respecto a una muestra de adolescentes en Australia, encontró una prevalencia del 1,8%.

Muller (et al., 2014), por otra parte, ha desarrollado una serie de investigaciones para evaluar la prevalencia y los correlatos psicopatológicos del *IGD* en siete países europeos sobre la base de una muestra representativa de 12.938 adolescentes de 14 a 17 años. El estudio revela que el

1,6% de los adolescentes cumple con los criterios diagnósticos del *IGD*. En términos de prevalencia en cada país, los investigadores encontraron 0, 6% en España, 1% en Holanda, 1,3% en Rumanía, 1,6% en Alemania, 1,8% en Islandia, 2% en Polonia y 2,5% en Grecia.

En un estudio alemán, que consideró a 11.003 adolescentes entre los 13 y 18 años, el 1,16% de los encuestados fueron clasificados con *IGD* de acuerdo con los criterios diagnósticos del DSM-5 (Rehbein et al, 2015).

En Italia, Milani (et al., 2017) evaluaron a 612 niños y adolescentes de 9 a 19 años. El 2,1% presentaba *IGD*.

Los estudios epidemiológicos mencionados anteriormente, sobre la prevalencia del *Trastorno de Juegos en Internet* en Europa, utilizaron criterios diagnósticos comunes arrojando datos relativamente similares, con una tasa de prevalencia entre el 1% y el 2%. La Figura 4 resume los datos recopilados por la investigación en Europa.

Cabe señalar, sin embargo, que los participantes en los diversos estudios pertenecían a grupos de edad muy diferentes. Sólo el estudio noruego, entre los mencionados, involucró personas adultas, mientras todos los demás involucraron solo adolescentes. Por último, es importante señalar que también existen importantes diferencias entre los grupos de edad en los estudios con adolescentes.

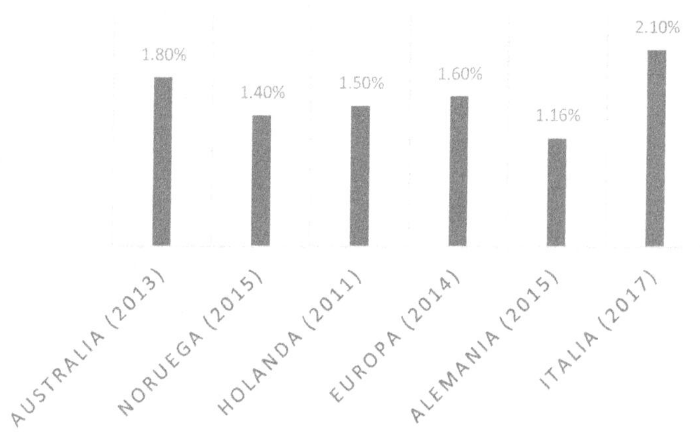

Grafico 4. Prevalencia IGD en Europa

Epidemiología en América Latina

La amplia revisión bibliográfica que hemos realizado nos ha permitido acceder a algunas investigaciones en el ámbito pero que no nos permiten reconstruir con precisión una imagen de la prevalencia en Latinoamérica del *Trastorno por Videojuegos en Internet*. La mayor parte de los estudios revisados utiliza el *"Test de dependencia a videojuegos"* (TDV) elaborado por Chóliz y Marco en 2011, o la *"Escala de Adicción a Videojuegos para Adolescentes"* (GASA por sus siglas en inglés), diseñada por Lemmens en el año 2009. Ambos instrumentos nacen de la aplicación de los criterios diagnósticos enunciados en el DSM pero que no establece alguna distinción entre videojuegos *offline* y videojuegos *online*. De este modo surgen dudas relevantes sobre la validez metodológica de dichos estudios e importantes diferencias estadísticas respecto a las investigaciones europeas precedentemente ilustradas.

Sin embargo, en función de comprender mayormente el fenómeno, presentamos a continuación los resultados de tres estudios:

- **México** (Sánchez y Silveira, 2019): el primero de los estudios revisados llevado a cabo en el 2018 y publicada en el 2019, ha sido realizado en una población conformada por 185 jóvenes de entre los 14 y 16 años que cursaban, durante el transcurso de la investigación, el tercer grado de secundaria en una institución pública del Estado de Campeche, México. El estudio buscaba identificar la prevalencia y la dependencia a los videojuegos. Los datos revelaron que el **10.6% de los participantes mostró tener un nivel alto de dependencia hacia los videojuegos**. El 11% declaró presentar ansiedad o angustia cuando se encuentran lejos de realizar esta actividad, el 9.9% expresó que usualmente incrementa su tiempo de juego de manera significativa sin estar consciente de ello, el 12% señaló presentar algún problema de interacción social derivado de su subordinación a los videojuegos y, por último, se encontró que el 9.7% de los participantes mostraron diversas dificultades para dejar de jugar, a pesar de que no es adecuado ni funcional hacerlo;

-   **Perú** (Alave y Pampa, 2018): la segunda investigación, publicada en 2018, tuvo por objetivo determinar la relación entre la dependencia a videojuegos y las habilidades sociales. La muestra estuvo conformada por 375 adolescentes de ambos sexos de una institución educativa estatal de Lima en Perú. Los resultados arrojaron un nivel **alto de dependencia a los videojuegos en el 24,6%** de la muestra y que existe correlación débil, negativa y significativa entre la dependencia general a videojuegos y las habilidades sociales. Por lo tanto, la investigación concluye que mientras se presenten niveles bajos de dependencia a videojuegos, existirán más recursos para relacionarse adecuadamente o viceversa.

Los dos estudios precedentes utilizaron el *"Test de dependencia a videojuegos"* (TDV).

- **Ecuador** (Andrade y Moscoso, 2019): El tercer estudio, en cambio corresponde a un Proyecto de investigación previo a la obtención de titulo de Médico, realizado en el 2018 y publicado en el 2019. La investigación buscaba determinar la prevalencia y factores asociados a la adicción a videojuegos en 246 estudiantes adolescentes de la Unidad Educativa Particular La Asunción, de la ciudad de Cuenca, en Ecuador, durante el año lectivo 2017-2018. Para identificar los jóvenes con trastorno por juego en internet utilizaron la *"Escala de Adicción a Videojuegos para Adolescentes"* (GASA), diseñada por Lemmens en el año 2009 y actualizada sucesivamente a los criterios del DSM-5. Los resultados arrojaron que en 231 estudiantes se encontró que la **prevalencia de**

adicción fue 31.1% y fue mayor en los varones. Los factores asociados a la adicción a videojuegos fueron: sexo masculino, cursar educación básica, inicio en videojuegos antes de los 9 años, jugar todos los días, disponer más de 4 horas libres por día, jugar más de 3 horas diarias, no realizar actividades además del estudio, disfunción familiar, ansiedad, depresión, consumo y adicción a otras drogas diferentes del alcohol. El estudio especifica además que el grado de asociación calculado por la razón de prevalencia fue desde una máxima probabilidad de aumentar el riesgo de adicción en 5 veces (jugar todos los días) hasta un mínimo de 1.9 veces (consumo y adicción a las drogas).

Es interesante destacar que los autores de los trabajos expuestos coinciden en remarcar la necesidad de nuevas y mas amplias investigaciones con diseños longitudinales que permitan obtener resultados concluyentes a la luz de los criterios establecidos por la comunidad científica.

Capítulo 8

Conclusiones

"El Trastorno de Juegos por Internet no se incluirá entre los trastornos mentales hasta que no se hayan determinado las tasas de prevalencia con muestras epidemiológicas representativas de todo el mundo, la etiología y los sustratos biológicos asociados al trastorno."

(Petry y O'Brien, 2013)

En el transcurso de este volumen, hemos presentado las principales propiedades de los juegos de rol en línea, entornos virtuales que han evolucionado rápidamente con la difusión de Internet, pasando de la modalidad de juego individual a una realidad de comunidades globales en las que los usuarios pueden conocer a otros jugadores y colaborar para lograr objetivos comunes. Hemos comparado estos juegos con sistemas abiertos y permanentes que pueden acoger simultáneamente una multitud de jugadores que interactúan en el mismo entorno virtual a través del control de un Avatar, un personaje virtual que cada usuario puede personalizar a su gusto y, en el transcurso del juego, avanzar mejorando constantemente sus habilidades. En estos entornos virtuales, el jugador y Avatar desarrollan un fuerte vínculo emocional que lleva al usuario a vivir una experiencia de placer a través del proceso de identificación y, de este modo, invertir siempre mayores cantidades de tiempo en el juego.

Otra característica de los MMORPG es la posibilidad de interacción social con otros usuarios, lo que contribuye cada vez mas a la implicación del jugador, superando a menudo las 20 horas por semana, aumentando así el riesgo de desarrollar problemas relacionados con el abuso. El reconocimiento del *Trastorno del Juego en Internet* como un posible trastorno mental dentro del DSM-5 ha tenido un fuerte impacto en la comunidad científica internacional que en los últimos años ha decidido profundizar el fenómeno a través de nuevos estudios epidemiológicos para investigar su prevalencia en diferentes contextos culturales y en muestras cada vez más representativas, con el objetivo de proporcionar evidencia científica que permita, en el futuro, evaluar la inclusión del trastorno entre las adicciones comportamentales.

Se puede llegar de este modo a la conclusión que las características de los juegos MMORPG facilitan el abuso y algunos síntomas adictivos. En este sentido, las características más propicias son la relación que se establece entre jugador y personaje, el juego con la identidad de éste, la evasión y disociación que el jugador consigue, la interactividad con los clanes, la presión social que éstos producen y la percepción de un mundo persistente.

Trastorno por Juegos de Internet y criterios diagnósticos

La investigación de los últimos años también está tratando de determinar si los patrones de adicción a los juegos de azar en Internet son realmente detectables a través de los criterios propuestos en la quinta versión del DSM.

El estudio de Rehbein et al. (2015) muestra que renunciar a otras actividades a favor de los juegos en línea, la abstinencia y la tolerancia son los síntomas más relevantes para el diagnóstico del Trastorno IGD. El fenómeno de la tolerancia, definido en la IGD como la necesidad de dedicar más y más tiempo al juego, ha sido investigado por King et al. (2017). Los autores señalaron que los jugadores, a medida que avanzan en el juego, tienen un creciente deseo de adquirir nuevos elementos virtuales del juego y mejorar su *status*. Por lo tanto, han llegado a suponer que a medida que los jugadores desarrollan estándares de juego más altos, un número creciente de recompensas potenciales puede, con el tiempo, mitigar los cambios de humor experimentados por los usuarios (King et al., 2017). Resultados similares también fueron encontrados por Ko (2014), quien señaló que la mayoría de los jugadores con IGD llega a jugar tanto que no pueden aumentar aún más el tiempo de juego; Los jugadores con IGD, sin embargo, reportan un menor nivel de satisfacción de lo que experimentaron durante las primeras sesiones del juego. De este modo, los estudiosos comienzan a sostener que el concepto de "tolerancia" el IGD se relacione más con la disminución de la satisfacción que con el aumento del tiempo de juego (Kiràly et al., 2015).

Con respecto al compromiso de la carrera escolar o laboral debido a la alta implicación en los juegos en línea, Rehbein y sus colaboradores (2015) encontraron que los estudiantes que cumplen con los criterios de IGD presentan un mayor número de jornadas de ausencia escolar, calificaciones más bajas y mayores problemas de sueño en comparación con aquellos que no cumplían los criterios.

King y Delfabbro (2016), analizando la relación entre el niño jugador y sus padres, encontraron niveles ligeramente más bajos de proximidad y niveles ligeramente más altos de conflicto.

Una investigación que también involucró a jugadores adultos reveló que, los jugadores adictos casados, por lo general experimentan una erosión de la interrelación conyugal a menudo asociada con un compromiso de actividades importantes de la vida real, como la actividad física y las interacciones sociales y profesionales, que se vuelven secundarios respecto al juego (Howard, 2016).

Parece encontrar un mayor consenso la idea que el uso intenso de juegos en línea sirva para escapar de los estados de ánimo negativos. Identificado por Yee (2006) como una de las principales razones detrás de la decisión de los jugadores de involucrarse en el mundo virtual de los MMORPG, el concepto fue asumido recientemente por Snodgrass et al. (2014), quienes proponen la existencia de una relación entre el estrés externo percibido y la tendencia a participar en juegos de rol en línea. En el estudio de Hagstrom y Kaldo (2014), el *escapismo* es el predictor estadísticamente más robusto de la disminución del bienestar entre los jugadores de MMORPG. Resultados similares también fueron encontrados por Kaczmarek y Drkowski (2014), quienes encontraron una relación entre la necesidad de escapar de los problemas de la vida real y una mayor participación, en términos de tiempo, en el juego.

Perspectivas futuras

Las investigaciones de los últimos años, a partir de 2013, sin duda están contribuyendo a la profundización del fenómeno del trastorno de los juegos por Internet, sin embargo, todavía hay muchos aspectos que aún no se han explorado lo suficiente, así como los temas sobre los que todavía no hay evidencia y consenso en la literatura.

Groves et al. (2015) ha identificado cuatro áreas principales que los investigadores pueden o deben investigar en el futuro:

a. Etiología:

Es necesario reconocer en manera precisa qué individuos están en una situación de mayor riesgo para desarrollar el trastorno, cuáles son los síntomas y cuales son los signos de la adicción a los juegos en Internet. En este sentido, por ejemplo, Stetina et al. (2011), comparando a los usuarios de varios tipos de videojuegos, encontraron que los usuarios de MMORPG sufren significativamente más a menudo de depresión.

b. Curso:

Resulta imprescindible, además, investigar si el proceso se lleva a cabo en ciertas etapas o no. No conocemos el desarrollo del trastorno en el tiempo o cuánto puede durar sin ningún tratamiento. Una de las pocas indicaciones que tenemos al reguardo proviene de un estudio de

Gentile y sus colaboradores (2011), en el cual señalan que la adicción a los videojuegos parece tener una larga vida para algunas personas. Los autores señalaron que el 84% de los videojugadores patológicos identificados también lo eran 2 años más tarde. Por lo tanto, los autores suponen que el trastorno del juego no es sólo una fase de transición, sino una importante forma de desadaptación que debe ser tratada.

c. Comorbilidad:
Con respecto a la convivencia en individuos de IGD y otras patologías, en la literatura hay algunos estudios que han relacionado el trastorno con síntomas depresivos (Lehenbauer-Baum et al., 2015; Wei et al., 2012), y trastornos del sueño (Sathgare et al., 2016).

d. Tratamiento:
Aún no está claro qué tipo de tratamiento pueda ser más eficaz para superar este tipo de trastorno. Tampoco sabemos si diferentes tipos de personas pueden beneficiarse de diferentes tipos de tratamiento.
Respecto a los adolescentes con una adicción a los videojuegos en línea, una importante contribución proviene de la psicóloga estadounidense Kimberly Young, fundadora en

1995 del Centro para la Adicción a Internet. En un artículo del 2009, Young profundiza las consecuencias de la adicción no sólo para las personas involucradas en primera persona, sino que también con respeto a los miembros de la familia. En modo particular, la estudiosa sostiene que es importante educar a toda la familia a poner en practica comportamientos que pueden ser útiles para ayudar a la persona que sufre de adicción, independientemente si esta participe de un tratamiento individual o no (Young, 2009). El tratamiento de la adicción a los juegos en línea, según Young (2009), puede comprender un proceso en el cual todos los miembros de la familia, semanalmente, aprendan más sobre el problema, conocer los "costos" de la adicción desde el punto de vista emotivo y relacional dentro del hogar, y conocer estrategias útiles para manejar momentos de ira o pérdida de esperanza que la persona dependiente puede experimentar durante el tratamiento. Propone, por lo tanto, una intervención familiar basada en los principios de la Terapia Breve Estratégica Familiar, que prevé la formación de una alianza terapéutica con todos los miembros de la familia, la identificación de patrones interactivos que favorezcan o fomenten problemáticas y la reestructuración, es decir, el proceso de cambio de estos modelos interactivos (Young, 2009).

Esta óptica es coherente con la propuesta de Lavenia (2018), que propone una intervención en la cual es particularmente relevante la familia y el contexto del paciente.

Trastorno de Juegos en Internet y MMORPG

Los resultados de los estudios que hemos revisado en el Capítulo 5 respecto a los usuarios de los Juegos de Rol Online nos han mostrado que una buena parte de ellos son hombres, tienen entre 20 y 30 años y juegan al menos 20 horas a la semana. En el sexto capítulo tuvimos la oportunidad de repasar las fases de la investigación científica sobre el fenómeno del abuso de los MMORPG, que desde el nacimiento del oro se había observado en una minoría de usuarios y que en el 2013 condujo al nacimiento del IGD (Internet Game Disorder).

En los últimos años, varios estudios han comparado a los usuarios de los MMORPG con los usuarios de otros géneros, corroborando una mayor relación entre el uso de los MMORPG y la adicción respecto a otros géneros de videojuegos. Por ejemplo, la investigación de Wittek (et al., 2015), que estudió la prevalencia del Trastorno de Juegos por Internet a una gran muestra de la población noruega de todos los grupos de edad, encontró que los MMORPG y los juegos de disparos tienen una relación significativamente mayor con el desarrollo del Trastorno de Juegos por Internet. Cuánto proviene de esta investigación fue coherente con los resultados del estudio de Eichenbaum et al. (2015), que también es confirmado por King et al. (2016) quien señala que los participantes con un alto riesgo de IGD indican en sus respuestas una mayor tendencia a jugar con los MMORPG. Estos resultados han conducido a los investigadores a reforzar la idea de que la naturaleza misma de los juegos de rol en línea expone a los usuarios al riesgo de abuso y adicción mucho más que otros géneros.

Si consideramos, como hemos leído anteriormente, que la mayoría de los usuarios de juegos de rol en línea son adultos, la investigación sobre el *Trastorno de Juegos en Internet* debe centrarse en este grupo de edad. Sin embargo, por ahora, esto no es así: la mayor parte de la investigación epidemiológica publicada hasta ahora se ha basado en muestras de adolescentes. Con el fin de investigar la relación entre los MMORPG y el IDG con mayor detalle, las muestras de adultos jóvenes también deben incluirse en la investigación epidemiológica en el futuro.

La investigación en América latina

Por último, pero no menos importante, es la situación de los estudios en América latina. Además de ser escasas las publicaciones que proponen una sistematización de las informaciones y los datos, la metodología de ellos y el constructo a la base generan importantes dudas. De una parte, la disparidad de resultados entre las investigaciones de diferentes países y los altos índices de dependencia/abuso, nos hacen pensar a la necesidad de contextualizar mayormente los criterios utilizados. Nos preguntamos por ejemplo si es apropiado definir una adicción con los mismos criterios en contextos culturales muy distintos como Japón, Italia, Rusia o Brasil. O incluso, si es apropiado comparar contextos como el mexicano, hondureño o chileno, es decir tres realidades del mismo continente, pero con características completamente distintas.

Es así, que compartimos con la mayor parte de los estudios revisados, la necesidad de proseguir la investigación, aún más en un contexto como lo es el latinoamericano, que actualmente favorece aún más que otros contextos, el acceso a los videojuegos, internet y las TICs.

Desde este punto de vista y desde la exhaustiva revisión que hemos realizado, creemos necesario que los estudiosos puedan contribuir a proyectar programas de formación y prevención que permitan una mayor comprensión del fenómeno y preparen profesionales capacitados para enfrentar los problemas relativos a estos instrumentos.

Esperamos que esta publicación pueda, en este sentido, ser un aporte a la discusión y abra las puertas a educadores, psicólogos y estudiosos de todo el continente de habla hispana a la profundización del argumento.

Apéndice

Confesiones en la web

Los jugadores son a menudo conscientes de su adicción a los juegos de rol en línea y los efectos que puede tener en muchos aspectos de su vida diaria. Cuando temen que sus acciones estén fuera de control, a menudo buscan ayuda de otros jugadores en la red (Lee et al, 2007).

En esta última parte del libro hemos querido dar voz a algunas confesiones que hemos encontrado en comunidades en línea, donde usuarios de todo el mundo se reúnen para hablar de su problema y recibir apoyo remoto.

Tenemos la esperanza de que en el futuro aquellas personas puedan recibir una intervención profesional y eficaz fuera de Internet.

Confesión n° 1

"He estado limpio durante meses, mi vida ha cambiado en 180 grados. He mejorado mucho desde que renuncié, pero he recaído y todo vuelve como en los viejos días dolorosos. Todo empezó hace una semana. Me sentí nostálgico de mi primer MMORPG que toqué. Este juego era muy importante para mí. Lo empecé a jugar para esconderme del mundo. Pero nunca he sido realmente bueno y siempre he tenido este juego en mi cabeza. Y siempre quise volver a jugar porque pensé "Nunca he sido capaz de alcanzar el nivel más alto en mi juego favorito". Entonces tuve la gran idea. Juega de nuevo y alcanza el nivel más alto. Porque este juego ha sido una de las cosas más importantes de mi vida. Y cuando lo termine, puedo dejarlo ir pacíficamente. El problema ahora es que no puedo controlarlo. Pensé que sólo estaba jugando 1 hora al día. Pero pierdo el control y juego todo el día. Ignorar todas mis responsabilidades y aumentar la ansiedad social. Es un MMORPG, lo que significa que va a pasar mucho tiempo antes de alcanzar el nivel máximo. Pero siento que no puedo dejar de jugar. Ayúdame, por favor."[1]

Confesión n° 2

"Definitivamente soy adicto, terminé la escuela el año pasado así que debería 1) estar buscando trabajo, o 2) ir por un curso o algo para obtener más capacidades en un campo en particular.

He estado jugando Eso (usuario se refiere al juego The Elder Scrolls Online) todo el día todos los días durante los últimos dos meses y me siento horrible, la única variación que tengo en mi día es ir al gimnasio. No sé qué hacer y nunca he solicitado un trabajo antes, ni tengo idea de qué escribir en un CV." [2]

Confesión n° 3

"Tuve una adicción masiva a WoW (World of Warcraft). Tuve más de 300 días de tiempo de juego a los que llegué en 4-5 años, así que básicamente 1/5 de mi vida estaba dedicado a ese juego en esos años (sí, no exagero cuando digo que no salí de mi habitación excepto para ir a la escuela)." [3]

Confesión n° 4

"Hola, creo que soy adicto, pero no descuido mis responsabilidades. Tengo un trabajo a tiempo completo (8 horas al día, 40 horas a la semana). Juego todos los días, por la mañana antes de ir a trabajar y por la noche después de regresar del trabajo, por un total de 3 horas y media o 4 horas al día durante la semana, a veces 3 horas porque hago deporte y por lo tanto algunas noches estoy en el gimnasio. Adicción creo que hay cuando juego el fin de semana, alrededor de 11 horas los sábados y 13 horas los domingos. El problema que creo es que prefiero jugar en lugar de salir por la noche. Tengo 20 años, y a veces me arrepiento de mi elección de quedarme en casa jugando, pero después de un tiempo me encuentro jugando ESO (el usuario se refiere al juego The Elder Scrolls Online). No me interesa conocer gente nueva y pasar mi tiempo en la vida real con ellos porque ahora estoy disfrutando de ESO. Creo que soy adicto, pero no pierdo la cabeza". [4]

Confesión° 5

"Hola, a menudo leo historias sobre cómo League of Legends (League of Legends) cambió o salvó vidas, pero quiero compartir mi historia, sobre cómo este juego arruinó la mía. He estado jugando League of Legends desde 2011. Alrededor de la misma época estaba en mi segundo año de ingeniería electrónica. Una vez que descubrí este juego comencé a jugar normalmente, 2-3 juegos al día, hasta que llegué al nivel 30 y comencé a escalar en la tabla de clasificación. En 2-3 meses mi estilo de vida ha cambiado por completo, me volví apasionado por el juego y estoy realmente avergonzado de admitir que estaba jugando como si no hubiera un mañana. Empecé a mentirle a mis padres y a mi novia, diciendo que estaba estudiando duro y en su lugar jugaba 10 horas al día. He estado haciendo esto durante casi 2 años, jugando por la noche y durmiendo de 6am a 1pm, he ganado peso y me deprime. League of Legends era una droga para mí. Afortunadamente, hace un mes, el Internet fue cerrado en el lugar donde vivo para 2 semanas. Durante estas 2 semanas dejé de jugar y de alguna manera decidí no volver a jugar. Hace 1 semana, después de 3 semanas de no jugar, hice mi último juego y desinstalé LoL. Estudié durante casi un mes y este sábado tendré mi primer examen en 2 años. Espero que nadie pueda cometer mi error, jugar con responsabilidad, chicos, los juegos pueden arruinar las drogas peor que las drogas". [5]

Confesión n° 6

"Hola amigos! Soy Ron, tengo 32 años, estoy casado y tengo un trabajo bien remunerado. He estado viviendo en el juego durante 10 años. Este no es mi primer intento de dejar de jugar - casi todos los meses cancelo mi suscripción y me inscribo de nuevo después de una hora - pero esta vez, estoy cansado de perder todo mi fin de semana jugando un juego que no me da nada en la vida real. En mi opinión, soy adicto al juego WoW, porque WoW es mi máxima prioridad. Cuando estoy en casa A veces me gusta jugar en lugar de estar con mi esposa, salir y tomar una cerveza, leer un libro o ir al gimnasio. WoW siempre es lo primero y a veces digo una mentira en el trabajo para quedarse en casa y jugar más. Los fines de semana, cuando mi esposa va a trabajar, paso todo el fin de semana en Azeroth (mundo virtual de World of Warcraft) y declino cualquier invitación porque tengo que seguir jugando". [6]

Riferimenti bibliografici

Aarseth, E.; Bean, A.M.; Boonen, H.; Colder Carras, M.; Coulson, M.; Das, D.; Deleuze, J.; Dunkels, E.; Edman, J.; Ferguson, C.J. (2017). *Scholars' open debate paper on the world health organization ICD-11 gaming disorder proposal.* J. Behav. Addict.,6, 267–270.

AESVI (2016). *I videogiochi in Italia nel 2016. Dati sul mercato e sui consumatori.* www.aesvi.it.

Aihoshi, Richard, (2000). *Brad McQuaid interview, RPG Vault,* (27 September 2000).

Alave, S.; Pampa, S. (2019) *Relación entre dependencia a videojuegos y habilidades sociales en estudiantes de una institución educativa estatal de Lima Este.* Revista Científica de Ciencias de la Salud 11:1-2018. ISSN 2411-0094.

Anarchy Online (2001). *Funcom.*

Ang, C.S.; Zaphiris, P. (2010). Social roles of players in MMORPG guilds. Information, Communication, & Society 2010; 13:592–614.

American Psychiatric Association. (1995). *Diagnostic and Statistical Manual of Mental Disorders.* (4th ed.) Washington, DC: Author.

American Psychiatric Association. (2013). *Diagnostic and Statistical Manual of Mental Disorders.* (5th ed.) Washington, DC: Author

Andrade, A.; Moscoso, J. (2019) *Prevalencia y factores asociados de la adicción a los videojuegos en adolescentes en Cuenca, Ecuador 2018.* Universidad de Cuenca.

Asbell-Clarke, J.; Sylvan, E. (2012) *Martian Boneyards: Can a Community of Players be a Community of Practice?* Proc. of CHI '12, May 05 – 10 2012, Austin, TX, USA. ACM New York, NY, 409-418.

Asbell-Clarke, J.; Edwards, T.; Larsen, J.; Rowe, E., Sylvan, E.; & Hewitt, J. (2012). *Martian Boneyards: Scientific Inquiry in an MMO Game.* International Journal of Game-Based Learning, 2(1), 52-76. doi:10.4018/ijgbl.2012010104.

Bean, A. M.; Nielsen, R. L.; van Rooij, A. J. & Ferguson, C. J. (2017). *Video game addiction: The push to pathologize video games.* Professional Psychology: Research and Practice, 48(5), 378-389. doi:10.1037/pro0000150

Bedini, E. (2011) *Le identità virtuali. Quello che la sistemica dice e quello che non dice* in Mosconi, A.; Pezzolo, M.; Racerro, G. (a cura di) *Identità sistemiche.* Atti del Convegno Nazionale 2012 del Centro Milanese di Terapia della Famiglia, Padova, Centro Padovano di Terapia della famiglia.

Bedini, E. (2017). *Rete e connessioni. Teoria e clinica di Internet secondo l'approccio sistemico-relazionale.* Roma, Gruppo Editoriale L'Espresso.

Bedini, E.; Curto, E.; Skarzynska-Sernaglia, J. (2013). *Ci vediamo in chat: Come costruiamo le nostre relazioni all'interno di Internet.* Intervento presentato al Convegno Nazionale del Centro Milanese di Terapia della Famiglia a Montegrotto (PA), 18-20 ottobre 2013.

Blinka, L.; Mikuška, J. (2014). *The role of social motivation and sociability of gamers in online game addiction.* Cyberpsychology: Journal of Psychosocial Research on Cyberspace, 8(2), article 6. doi: 10.5817/CP2014-2-6

Bobes, *M.;* Flórez, *G.;* Seijo *P.;* Bobes, *J. (2019) ¿Mejora la CIE-11 los propósitos epidemiológicos y nosológicos de los Trastornos mentales, del comportamiento y del desarrollo?* Revista Adicciones Vol. 31 - N.3. España.

Carbonell, X.; Talarn, A.; Beranuy, M.; Oberst, U. y Graner C. (2009). *Cuando jugar se convierte en un problema: el juego patológico y la adicción a los juegos de rol online.* Revista de Psicología, Ciencias de la Educación y del Deporte. Universidad Ramón Llul. Barcelona.

Castells, M. (1996). *The Rise of the Network Society.* Oxford: Blackwell.

Charlton, J. P.; Danforth, I. D. W. (2007). *Distinguishing addiction and high engagement in the context of online game playing.* Computers in Human Behavior, 23(3), 1531–1548.

Charlton, J. P.; Danforth, I. D. W. (2010). *Validating the distinction between computer addiction and engagement: Online game playing and personality.* Behaviour& Information Technology, 29(6), 601–613.

Cohen, J. (2001). *Defining identification: A theoretical look at the identification of audiences with media characters.* Mass Communication and Society, 4, 245-264.

Cole, H.; Griffiths, M. D. (2007). *Social interactions in massively multiplayer online role-playing gamers.* CyberPsychology & Behavior, 10, 575e583.

Ducheneaut, N.; Yee, N.; Nickell, E.; Moore, R. J. (2007). *"The life and death of online gaming communities: A look at guilds in world of Warcraft"*. Paper presented at the Proceedings of the SIGCHI conference on Human factors in computing systems.

Ducheneaut, N.; M.-H. Wen; N. Yee, and G. Wadley (2009). *"Body and Mind: A Study of Avatar Personalization in Three Virtual Worlds."* In Proceedings of CHI'09, 1151–1160. New York: ACM.

Earth & Beyond (2002). *Electronic Arts.*

Eichenbaum, A.; Kattner, F. (2015). *The Role of Game Genres and the Development of Internet Gaming Disorder in School-Aged Children.* Journal of Addictive Behaviors, Therapy & Rehabilitation. 04. 10.4172/2324-9005.1000141.

Everquest (1999). *Sony Online Entertainment.*

Farques, M; Carbonell, X. (2010). *Entre marcianitos y avatares: Adicción y factores de riesgo para la juventud en un mundo digital.* Revista de Estudios de Juventud, ISSN 0211-4364, Nº. 88, 2010 (Ejemplar dedicado a: Juventud y Nuevos Medios de Comunicación), pag. 131-145.

Fuster, H.; Carbonell, X.; Chamarro, A.; Oberst, U. (2013). *Interaction with the Game and Motivation among Players of Massively Multiplayer Online Role-Playing Games.* The Spanish Journal of Psychology, 16. doi:10.1017/sjp.2013.54.

Fuster, H.; Oberst, U.; Griffiths, M.; Carbonell, X.; Chamarro, A.; Talarn, A. (2012). *Psychological motivation in online role-playing games: A study of Spanish World of Warcraft players.* Anales de Psicología, 28 (1), 274-280.

Fuster, H. (2017). *Influencia de las Motivaciones y los Estilos de Juego en Jugadores de MMORPG*. Tesis Doctoral. Universitat Ramon Llull. FPCEEB – Psicología.

Game Neverending (2002). *Ludicorp.*

Griffiths, M.D. (1995). *Technological addictions*. Clinical Psychology Forum, 76, 14–19

Griffiths, M.D. (2010a). *The role of context in online gaming excess and addiction: Some case study evidence*. International Journal of Mental Health and Addiction, 8, 119-125.

Griffiths, M. D. (2010). *Online video gaming: What should educational psychologists know?* Educational Psychology in Practice, 26(1), 35–40.

Griffiths, M. D., Beranuy, M. (2009). *Adicción a los video juegos: Una breve revisión psicológica*. Revista de psicoterapia, 73, 33–49.

Griffiths, M. D., Davies, M.N.O. (2005): *Videogame addiction: Does it exist?* In J. Goldstein, J. Raessens (Ed.). Handbook of computer game studies, pp. 359–369. Boston, MA: MIT Press.

Griffiths, M.D. (2005a). *A "components" model of addiction within a biopsychosocial framework*. Journal of Substance Use, 10, 191–197.

Griffiths, M.D.; Davies, M.N.O., Chapell, D. (2003). *Breaking the Stereotype: The Case of Online Gaming*. Cyber Psychology & Behavior, 6, 81-91.

Griffiths, M. D.; Meredith, A. (2009). *Videogame addiction and its treatment*. Journal of Contemporary Psychotherapy, 39(4), 247–253.

Griffiths, M.D.; King, D.; Demetrovics, Z. (2014). DSM-5 Internet Gaming Disorder needs a unified approach to assessment. Neuropsychiatry. 4. 1-4. 10.2217/npy.13.82.

Grodal, T. (2000). *Video games and the pleasures of control.* In D. Zillmann P. Vorderer (Eds.), Media entertainment (pp. 197-213). Mahwah, NJ: Erlbaum.

Groves, C.; A. Blanco-Herrera; Prot, S.; N. Berch; O. Bowie; S., Gentile, Do. (2015). *What is known about video game and internet addiction after DSM-5.* In Rosen, L. D., Cheever, N.A., Carrier, L.M. (eds). The Wiley Handbook of Psychology, Technology, and Society. Blackwell Publishing, 2015.

Guegan, J.; Moliner, P.; Buisine, S. (2015*). Why are online games so self-involving: A social identity analysis of massively multiplayer online role-playing games*. European Journal of Social Psychology, 45(3), 349–355. doi:10.1002/ejsp.2103

Hall, D.; Fagen, R. (1956), *"Definition of System"*, in: General Systems, Vol. 1 (1956). p. 18-28

Hamilton, J. G. (2009). *Identifying with an Avatar: A multidisciplinary perspective.* Proceedings of Cumulus Conference'09. Melbourne, Australia.

Hagstro¨m, D.; Kaldo, V. (2014) *Escapism among players of MMORPGs—conceptual clarification, its relation to mental health factors, and development of a new measure.* Cyber-Psychology, Behavior, & Social Networking; 17:19–25.

Higuchi, S.; Nakayama, H.; Mihara, S.; Maezono, M.; Kitayuguchi, T.; Hashimoto, T. (2017). *Inclusion of gaming disorder criteria in ICD-11: A clinical perspective in favor*. J Behav Addict (3):293-295.

Howard, A.P.; ABPP (2016) *Control the Controller: Understanding and Resolving Video Game Addiction*, by C. O'Connor, Child & Family Behavior Therapy, 38:1, 97-103, DOI: 10.1080/07317107.2015.1104787

ISTAT (2016). *Indicatori demografici*. Disponibile al link https://www.istat.it/it/archivio/180494

Jakobson M.; Taylor, T.L. (2003) *The Sopranos meets EverQuest: social networking in massively multiplayer online games*. In Proceedings of the Design Automation Conference, pp. 81–90.

Jin, W.; Sun, Y.; Wang, N.; Zhang, X. (2017). *Why users purchase virtual products in MMORPG? An integrative perspective of social presence and user engagement*. Internet Research, Vol. 27 Iss 2

Jøn, A. A.(2010). *The Development of MMORPG Culture and The Guild*. Australian Folklore: A Yearly Journal of Folklore Studies. **25**: 97–112., p.97

Juul, J. (2005). *Half-Real: Video games between real rules and fictional worlds*. Cambridge, MA: MIT Press.

Kaczmarek, L. D.; Drążkowski, D. (2014). *MMORPG escapism predicts decreased Well-Being: Examination of gaming time, game realism beliefs, and online social support for offline problems*. Cyberpsychology, Behavior, and Social Networking, 17 (5), 298-302. DOI: 10.1089/cyber.2013.0595

King, D.L.; Delfabbro, P.H. (2016). *Features of Parent-Child Relationships in Adolescents with Internet Gaming Disorder*. International Journal of Mental Health and Addiction. . 10.1007/s11469-016-9699-6.

King, D.L.; Delfabbro, P.H.; Zwaans, T.; Kaptsis, D. (2013). *Clinical features and axis I comorbidity of Australian adolescent pathological Internet and video game users.* Aust N Z J Psychiatry. 47, 1058–1067.

King, D.L.; Haagsma, M.C.; Delfabbro, P.H.; Gradisar, M.S.; Griffiths, M.D. (2013) *Toward a consensus definition of pathological video-gaming: a systematic review of psychometric assessment tools.* Clin. Psychol. Rev. 33, 331–342 .

King, D.L.; Herd, C. E.M.; H. Delfabbro, P. (2017). *Tolerance in Internet gaming disorder: A need for increasing gaming time or something else?* Journal of Behavioral Addictions. 6. 1-9. 10.1556/2006.6.2017.072.

Király, O.; Demetrovics, Z. (2017). *Inclusion of Gaming Disorder in ICD has more advantages than disadvantages: Commentary on: Scholars' open debate paper on the World Health Organization ICD-11 Gaming Disorder proposal (Aarseth et al.).* Journal of Behavioral Addictions. 6. 1-3. 10.1556/2006.6.2017.046.

Király, O.; Nagygyörgy, K.; Griffiths, M.D.; Demetrovics, Z. (2014) *Problematic online gaming. In: Rosenberg K, Feder L, editors. Behavioral addictions: criteria, evidence and treatment.* New York: Elsevier; p. 61–95.

Király, O.; Griffiths, M.D.; Demetrovics, Z. (2015) *Internet gaming disorder and the DSM-5 : Conceptualization, debates, and controversies.* Current Addiction Reports (2). pp. 254-262.

Klimmt, C.; Hefner, D.; Vorderer, P. (2009). *The video game experience as "true" identification: A theory of enjoyable alterations of players' selfperception.* Communication Theory, 19(4), 351–373.

Ko, C.H.; Yen, J.Y.; Chen, C.C.; Chen, S.H.; Yen, C.F. (2005) *Gender differences and related factors affecting online gaming addiction among Taiwanese adolescents.* J NervMent Dis 2005; 193:273–277.

Ko, C.H. (2014). *Internet gaming disorder.* Curr Addict Rep. 2014;1:177–85.

Kuss, D.; Louws, J.; Wiers, R. (2012). *Online Gaming Addiction? Motives Predict Addictive Play Behavior in Massively Multiplayer Online Role-Playing Games.* Cyberpsychology, behavior and social networking. 15. 480-5. 10.1089/cyber.2012.0034.

Lavenia, G. (2018). *Le dipendenze tecnologiche: valutazione, diagnosi, cura.* Ed. Giunti-Italia.

Lee, I.; Yu, C.; Lin, H. (2007). *Leaving a Never-Ending Game: Quitting MMORPGs and Online Gaming Addiction.* The University of Tokyo, Volume: 4 ISBN / ISNN: ISSN 2342-9666

Lehenbauer-Baum, M.; Fohringer, M. (2015). *Towards Classification Criteria for Internet Gaming Disorder: Debunking Differences between Addiction and High Engagement in a German Sample of World of Warcraft Players.* Computers in Human Behavior. 45. 10.1016/j.chb.2014.11.098.

Lehenbauer-Baum, M.; Fohringer, M. (2015a). *Towards classificationcriteria for Internet gaming disorder: debunking differencesbetween addiction and high engagement in a Germansample of World of Warcraft players.* Computers in HumanBehavior; 45:345–351.

Lehenbauer-Baum, M.; Klaps, A.; Kovacovsky, Z.; Witzmann, K.,Zahlbruckner, R.; Stetina, B.U. (2015). *Addiction and engagement: An explorative study toward classification criteria for internet gaming disorder.* Cyberpsychol. Behav. Soc. Netw. 18, 343–349.

Lin, H.; Wang, H. (2014). *Avatar creation in virtual worlds: Behaviors and motivations.* Computers in Human Behavior. 34. 213–218. 10.1016/j.chb.2013.10.005.

Martin-Fernandez, M.; Matali, J. L.; Garcia-Sanchez, S.; Pardo, P.; Lleras, M.; Castellano-Tejedor, C. (2017). *Adolescentes con Trastorno por juego en Internet (IGD): perfiles y respuesta al tratamiento.* Revista Adicciones vol. 29, n. 2. 125-133.

Markus, H.; Nurius, P. (1986). *Possible selves.* American Psychologist, 41(9), 954–969. http://dx.doi.org/10.1037/0003-066X.41.9.954.

McCreery, M.; Kathleen Krach, S.; Schrader, P.G.; Boone, R. (2012). *Defining the virtual self: Personality, behavior, and the psychology of embodiment.* Computers in Human Behavior. 28. 976–983. 10.1016/j.chb.2011.12.019.

McLuhan, M. (1964) *The Gutemberg galaxy: the making of typographic man.* University of Toronto Press Inc., Toronto (trad. it. Rizzo S. Armando Editore, Roma, 1976)

Milani, L.; La Torre, G.; Fiore, M.; Grumi, S.; Gentile, D.; Ferrante, M.; Miccoli, S.; Di Blasio, P. (2017). *Internet Gaming Addiction in Adolescence: Risk Factors and Maladjustment Correlates.* International Journal of Mental Health and Addiction. . 10.1007/s11469-017-9750-2.

Müller, K.; Janikian, M.; Dreier, M.; Wölfling, K.; Beutel, M.; Tzavara, C. (2014). *Regular gaming behavior and internet gaming disorder in European adolescents: results from a cross-national representative survey of prevalence, predictors, and psychopathological correlates*. Eur Child Adolesc Psychiatry. doi:10.1007/s00787-014-0611-2.

Newzoo Games (2018). *2018 Global Games Market Report. An overview of trends and insights*. June 2018

Petry, N.M.; O'Brien, C.P. (2013). *Internet gaming disorder and the DSM-5*. Addiction 108, 1186–1187

Rehbein, F.; Kliem, S.; Baier, D.; Mößle, T.; Petry, N.M. (2015). *Prevalence of Internet Gaming Disorder in German adolescents: diagnostic contribution of the nine DSM-5 criteria in a statewide representative sample*. Addiction. 110. 10.1111/add.12849.

Rehbein, F.; Mößle, T. (2013). *Video game addiction and Internet addiction: Is there a need for differentiation?* Sucht. 59, 129–142.

Rehbein,F.; Kühn, S.; Rumpf H.; Petry, N.M. (2015). *Internet Gaming Disorder: A New Behavioral Addiction* pp.43-70. In Petry, N.M. (2015). Behavioral addictions: DSM-5 and beyond. Oxford University Press.

Riva, G. (2010). *I social network*. Bologna, Il Mulino.

Salvano, D.; Germano, I.S.; Ferzetti, F. (2017). *Sociologie del mutamento*. Bologna, Esculapio.

Sánchez, J.; Silveira, E. (2019) *Prevalencia y dependencia a los videojuegos en una muestra de adolescentes*. CTES-Revista electrónica sobre tecnología, educación y sociedad. Vol. 6 – N. 11 . ISSN 2448-6493.

Sanders, B.; Marchang, J. (2016). *A novel taxonomy of opportunities and risks in massively multiplayer online role-playing games.* In: Proceedings of the International ACM conference on management of Digital Ecosystems. ACM Digital Library. (In Press)

Smahel, D.; Blinka, L.; Ledabyl, O. (2008). *Playing MMORPGs: connections between addiction and identifying with a character.* Cyberpsychology and Behavior 11 (6), 715–718.

Smyth, J. (2007). *Beyond self-selection in video game play: an experimental examination of the consequences of Massively Multiplayer Online Role-Playing Game Play.* Cyber Psychology& Behavior, 10, 717–721.

Stanney, K. M.; Hale, K. S.; Zyda, M. (2015). *Virtual environments in the 21st century.* In Hale, K. S., Stanney, K. M. (Eds.), Handbook of virtual environments: Design, implementation, and applications (pp. 3-23). Boca Raton, FL: CRC Press.

Statista (2015). *Number of World of Warcraft (WoW) subscribers from 1st quarter 2005 to 3rd quarter 2015 (in millions)*
https://www.statista.com/statistics/276601/number-of-world-of-warcraft-subscribers-by quarter/.Consultato il 18/01/2018.

Tonioni, F. (2013). *Psicopatologia web-mediata. Dipendenza da internet e nuovi fenomeni dissociativi.* Springer-Verlag Italia.

Tosoni, S. (2004). *Identità virtuali. Comunicazione mediata da computer e processi di costruzione dell'identità personale.* Milano, Franco Angeli.

Treccani.it. *Vocabolario Treccani online,* Istituto dell'Enciclopedia Italiana, 15 marzo 2011. http://www.treccani.it/enciclopedia/gilda. Consultato il 18 dicembre 2017.

Turkle, S. (1996). *Life on the screen: Identity in the age of Internet.* New York: Simon & Schuster.

Ultima Online (1997). *Origin Systems.*

Uchuypoma, D. (2017) *Juegos online: una mirada desde el juego patológico.* Hamutay, 4 (2), 55-64. Recuperado de: http://dx.doi.org/10.21503/hamu.v4i2.1472

Van den Brink, W. (2017). *ICD-11 Gaming Disorder: Needed and just in time or dangerous and much too early?* Commentary on: Scholars' open debate paper on the World Health Organization ICD-11 Gaming Disorder proposal (Aarseth et al.). Journal of Behavioral Addictions. 6. 1-3. 10.1556/2006.6.2017.040.

Van Rooij, A.J.; Schoenmakers, T.M.; Van de Eijnden, R.J.J.M.; Van de Mheen, D. (2010). *Compulsive internet use: The role of online gaming and other internet applications.* Journal of Adolescent Health, 47, 51–57.

Van Rooij, A.J.; Schoenmakers, T.; Vermulst, A.; Eijnden, R.; Mheen, D. (2011). *Online video game addiction: Identification of addicted adolescent gamers.* Addiction (Abingdon, England). 106. 205-12. 10.1111/j.1360-0443.2010.03104.x.

Von Bertalanffy, L. (1956). *"General systems theory."* In: General Systems, Yearbook of Society for General Systems Research. Vol 1. p. 1-10; R. W. Taylor

Von Bertalanffy, L. (1968). *General System theory: Foundations, Development, Applications*. New York: George Braziller, revised edition 1976: ISBN 0-8076-0453-4

WHO (2017) *Gaming disorder. ICD-11 Beta Draft.* Disponibile al link https://icd.who.int/dev11/lm/en#!/http%3A%2F%2Fid.who.int%2Ficd%2Fentity%2F1448597234. Consultato il 30-12-2017

Wittek, C.T.; Finseras, T.R.; Pallesen, S. (2015). *Prevalence and Predictors of Video Game Addiction: A Study Based on a National Representative Sample of Gamers*. International Journal of Mental Health and Addiction. https://doi.org/10.1007/s11469-015-9592-8

Wolvendale, J. (2006) *My avatar, my self: virtual harm and attachment*. In: Polcák R, Skop M, Smahel D, eds. *Cyberspace2005*. Brno: Masaryk University, pp. 305–310.

World of Warcraft [PC Game] (2004). Blizzard Entertaintment Inc.

Yee, N. (2004). *Addiction*. Disponibile al link http://www.nickyee.com/daedalus/gateway_addiction.html Consultato il 22 dicembre 2017

Yee N. (2006) *The demographics, motivations and derived experiences of users of massively-multiuser online graphical environments. Presence: Teleoperators and Virtual Environments* 2006; 15:309–329.

Yee, N.(2006a). *Motivations for play in online games*. Cyber Psychology and Behavior; 9:772–775. Disponibile al link http://www.nickyee.com/daedalus/motivations.pdf

Yee, N. (2007). *The psychology of massively multiuser online role-playing games: motivations, emotional investment, relationships and problematic usage.* In Schroder, R., &Axelsson, A.-S. (eds.) Avatars at work and play: collaboration and interaction in shared virtual environments. London: Springer-Verlag.

Young, K. (2009). *Understanding online gaming addiction and treatment issues for adolescents.* The American Journal of Family Therapy, 37, 355e372.

Zanetta Dauriat, F.; Zermatten, A.; Billieux, J.; Thorens, G., Bondolfi, G.; Zullino, D.; Khazaal, Y. (2011). *Motivations to Play Specifically Predict Excessive Involvement in Massively Multiplayer Online Role-Playing Games: Evidence from an Online Survey.* European addiction research. 17. 185-9. 10.1159/000326070.

Zhong, Z.; Yao, M. (2012). *Gaming motivations, avatar-self identification and symptoms of online game addiction.* Asian Journal of Communication. 23. 555-573. 10.1080/01292986.2012.

Webgrafía de las confesiones

[1]https://www.reddit.com/r/StopGaming/comments/2d4tr1/help_me_pls_completely_relapsed_cant_stop_playing/

[2]https://www.reddit.com/r/elderscrollsonline/comments/54j4zs/mmo_addiction/

[3]https://www.reddit.com/r/ForeverAlone/comments/5x1hu7/how_many_of_you_are_addicted_to_videogames/

[4]https://www.reddit.com/r/elderscrollsonline/comments/54j4zs/mmo_addiction/

[5]https://www.reddit.com/r/leagueoflegends/comments/1pm1a3/how_league_of_legends_changed_my_life_for_the/

[6]https://www.reddit.com/r/nowow/comments/6i5wz4/the_time_to_stop_playing_has_come/

Agradecimientos

Querido lector, vuestros comentarios son de gran valor. Reflexiones, opiniones, críticas, errores, resultados obtenidos gracias a este libro, serán bien recibidos para ser conocidos y divulgados.
Si quieres compartirlos con nosotros, por favor escríbenos a:

psicologo.stefano.bonato@gmail.com
psicologo.munoz.gabriel@gmail.com
o directamente en el sitio

www.studiopsicologiabassano.it

Los autores

Stefano Bonato,

Psicólogo y estudiante de la Escuela de Psicoterapia EIDOS, de orientación familiar sistémica.

Realiza proyectos de prevención en numerosas escuelas del Nordest italiano (Véneto), desde el jardín de infancia hasta la escuela secundaria, en el contexto de las nuevas tecnologías, el acoso y el ciberacoso.

Es responsable de diferentes espacios de orientación psicológica dentro de las escuelas. Colabora con asociaciones e instituciones en ámbito educativo y social.

Gabriel Munoz,

Psicólogo clínico de la familia y las organizaciones, coordinador y supervisor de grupos de trabajo en ámbito educativo y social. Apoya a los padres y adolescentes a través de consulta clínica y cursos de formación sobre los diferentes conflictos que se pueden desarrollar en la familia, especialmente en lo que respecta a la gestión de las tecnologías.

Realiza cursos de prevención con jóvenes y adolescentes en temas relacionados con las relaciones, las tecnologías y la gestión de conflictos.

Actualmente colabora con varias Cooperativas Sociales del Nordest italiano y con el Centro de las Relaciones y Familias del Municipio de Bassano del Grappa.